格斗技术从入门到精通

（视频学习版）

Sniper派先生 编著

人民邮电出版社
北京

图书在版编目（CIP）数据

格斗技术从入门到精通 : 视频学习版 / Sniper派先生编著. -- 北京 : 人民邮电出版社, 2022.5
ISBN 978-7-115-55793-3

Ⅰ. ①格… Ⅱ. ①S… Ⅲ. ①格斗－基本知识 Ⅳ. ①G852.4

中国版本图书馆CIP数据核字(2020)第268131号

免责声明

本书中的信息针对成人受众，并且仅具娱乐价值。虽然本书中的所有建议都已经过事实检查，并在可能情况下进行过现场测试，但大部分信息都具有推测性，并且要取决于实际情况。出版商和作者对任何错误或遗漏不承担任何责任，并且对包括在这本书中的信息适用于所有个人、情况或目的不作任何明示或暗示的保证。在尝试这些页面中所列举的任何活动之前，确保了解自己的局限，并充分研究所有相关风险。书中提及的某些行为，在不同地区受到不同法律、法规限制，请务必遵守当地相关法律、法规。读者为自己的行为承担所有风险和责任，出版商和作者对此处所提供信息可能导致的任何损失或任何一种损害（间接的、连带的、特殊的等）概不负责。

内 容 提 要

本书由前武警特战队狙击手、搏击教员Sniper派先生倾力打造，从格斗的热身、站架、步法移动等基本功讲起，循序渐进地讲解了格斗中拳法、腿法的进攻与防御技术及其组合应用，并对非常实用的近身技术、地面技术、格斗体能、防卫格斗与应用进行了细致介绍。此外，书中采用了真人示范、分步骤图解的形式，有利于初学者理解技术要点、掌握细节，致力于为读者提供系统、全面的训练指导。

本书适合想要了解格斗、学习格斗以及从事格斗教学的人士阅读。

◆ 编　　著　Sniper 派先生
责任编辑　裴　倩
责任印制　周昇亮

◆ 人民邮电出版社出版发行　　北京市丰台区成寿寺路 11 号
邮编　100164　　电子邮件　315@ptpress.com.cn
网址　https://www.ptpress.com.cn
临西县阅读时光印刷有限公司印刷

◆ 开本：700×1000　1/16
印张：23.75　　2022 年 5 月第 1 版
字数：410 千字　　2022 年 5 月河北第 1 次印刷

定价：128.00 元

读者服务热线：(010)81055296　印装质量热线：(010)81055316
反盗版热线：(010)81055315
广告经营许可证：京东市监广登字 20170147 号

作者简介

Sniper 派先生

前武警特战队狙击手

搏击教员

私人安全顾问

青少年安全防卫中心特聘讲师

Keep 格斗入门课程设计师

目 录

第一章 **认识格斗 1**

1. **格斗是什么 2**
2. **格斗各门派的区别和特点 2**

截拳道 2
空手道 2
跆拳道 3
拳击..3
泰拳..3
散打..4
巴西柔术....................................4
综合格斗（MMA） 4

第二章 **格斗基本功 5**

1. **热身..6**

爬行..6
踢腿...11
抡臂...16
滚翻...22

2. **站架...30**

正架...30
反架...31

3. **步法移动...................................32**

向前移动...................................32
向后移动...................................33
向左移动...................................34
向右移动...................................35

第三章 **拳法 36**

1. **直拳..37**

刺拳...37
前手直拳...................................38
后手直拳...................................40

2. **摆拳..42**

前手摆拳...................................42
后手摆拳...................................44
俄式大摆拳 46

3. **勾拳..48**

平勾拳 48
上勾拳 50
侧勾拳 52

4. **常用拳法组合 54**

前后直拳...................................54
后直前摆拳 56
直摆勾拳...................................58
直勾摆拳...................................60

5. **缠手带的选择与缠法..................62**

缠手带 62
缠法...62

6. **搭扣方式......65**
徒手......65
器械......67
7. **空击训练......69**
呼吸节奏与放松......69
单一动作与组合......69
移动与攻防......70
8. **速度球训练......70**
连击......70
刺拳......72
组合拳......73
9. **正确打击沙袋......75**
距离......75
移动......76
单击......78
连击......81
组合......82
节奏......86
10. **击打力量及专项训练......90**
负重冲拳......90
小哑铃空击......92
扣手腕......94

第四章 **防御技术（拳）......95**

1. **视觉反应......96**
防眨眼训练......96
2. **格挡......98**
直拳防御动作......98
摆拳防御动作......102
勾拳防御动作......104
3. **躲闪......106**
左侧躲闪......106
右侧躲闪......107
下潜躲闪......108
后侧躲闪......109
4. **摇避......110**
左、右摇避......110
摇避躲避摆拳攻击......112
5. **抗击打训练......114**
抱头防守的抗击打训练......114
腰腹部抗击打训练......116
6. **双人攻防互换......118**
刺拳互换......118
直拳互换......119
摆拳互换......120
勾拳互换......121
前后直拳防守反击......122
后直前摆组合互换......124
直勾摆组合......126

第五章 **腿法......128**

1. **热身与拉伸......129**
正压腿......129
侧压腿......130
多角度拉伸......131
2. **正蹬......132**
动作......132
实战运用......134
3. **扫踢......136**
动作......136
攻击位置着力点演示......142
4. **侧踹......148**
动作......148
侧踹：双人演示......154
5. **截踢......157**
动作......157
双人演练......158

第六章 **防御技术（腿）......159**

1. **格挡......160**
面对低扫......160
面对中扫......162
面对高扫......164

2. **抄抱**......167
中扫抄抱防御......167
3. **抗踢打训练**......170
左右低扫防御......170
左右中扫防御......171
左右高扫防御......172

第七章 **实战组合应用**...... 173

防守反击与迎击......174
接低扫 - 前后直拳反击......174
迎低扫 - 后手直拳反击......176
接中扫 - 压颈摔反击......177
迎击动作......179
防中扫 - 后直反击......180
左侧变步......181
右侧变步......182

第八章 **近身技术（肘膝与摔法）**...... 183

1. **肘击**......184
扫肘......184
撞肘......188
砸肘......191
2. **膝击**......194
冲膝......194
撞膝......200
3. **抱腿摔**......204
抱单腿......204
抱双腿......206
4. **绊摔**......209
夹颈摔......209
抱单腿绊摔......212
腿外侧绊摔......215
5. **防摔**......218
防抱......218
防绊反摔......220
防抱单腿......222

第九章 **地面技术**...... 224

1. **控制与压制**......225
上位......225
下位......230
2. **把位转换与击打**......236
控腿攻防位置转换......236
封闭式防守破解......238
虾行逃脱......240
侧压攻防位置转换......242
3. **降服技术**......244
十字固（上位锁）......244
十字固（下位锁）......246
木村锁......248
美式折臂......250
三角绞......252
肌肉切......254
4. **防御与逃脱**......256
正转侧：裸绞逃脱......256
5. **实战动作**......258
抱摔十字固......258
抱单腿摔肌肉切......263
技术性起身......266

第十章 **格斗体能**...... 269

1. **柔韧**......270
颈部拉伸......270
肩部拉伸......272
背部拉伸......274
三角肌拉伸......274
三头肌拉伸......275
前臂拉伸......275
腰腹部拉伸......276
臀腿拉伸......280

大腿内侧拉伸 282
关节激活 285
2. **力量训练 287**
拉壶铃 287
引体向上 288
俯卧撑 290
深蹲 294
卷腹 297
3. **爆发力 301**
收腹跳 301
换腿跳 302
拳面俯卧撑 304
跪姿手掌俯卧撑 305
壶铃前推 306
砸药球 307
4. **核心力量 308**
平板支撑 308
支撑收腹跳 309
保加利亚式深蹲 310
手枪式深蹲 311
蹲举 312
TRX 划船 313
农夫深蹲 314
壶铃摇摆 315
5. **耐力 316**
跳绳 316
波比跳 320
战绳 322
沙袋组合 328
6. **反应 330**
反应球 330
速度球 332
躲闪摇避 333
抢点 334
摸肩 335
7. **呼吸 336**
静态调息 336
动态调息 336
8. **放松 337**
泡沫轴 337
9. **敏捷性训练 340**
绳梯 340

第十一章 防卫格斗与应用... 348

1. **正面 349**
正面攻击的防御反击 349
防抓发 351
防熊抱 353
2. **背面 355**
防抱腰 355
防抱臂 357
锁喉的反制 359
3. **器械 361**
利用触手可及的物品做武器 361
面对持械攻击如何正确应对 366

在线视频获取说明 371

第一章 认识格斗

1 格斗是什么

格斗又称搏击，即“搏斗、互相殴击”。为了生存、战斗和强健体魄，人类至今已发明了各种各样的格斗技，如今格斗已成为一种广受欢迎的体育项目。器械格斗包含所有使用器械的格杀技，如棍术、刀术、剑术、投掷术（飞刀）等。徒手格斗根据攻击模式的不同又可分为站立打击、摔投和地面技三种技术风格，如今徒手格斗已发展成不同的体育比赛项目。站立打击指在站立状态下利用肢体攻击对方的技术，如拳击、泰拳、空手道、跆拳道、散打、踢拳、自由搏击等。摔投技是指把对方摔倒并将其控制的技术，如摔跤、柔道、桑搏等。地面技泛指一切在地面（倒地或跪坐后）使用的格斗技术，包含地面垂技（ground and pound，简称GNP）和地面关节技（如巴西柔术）。

2 格斗各门派的区别和特点

• 截拳道

截拳道是由李小龙在咏春拳的基础上结合泰拳、空手道、柔术等多种格斗技术特点创立的武术体系。截拳道的核心是“以无法为有法，以无限为有限”，倡导“高度自由”，不受任何形式的限制。

“截”意指截断对手的攻击（防守），“拳”意指出拳（攻击），“道”主要依托老子的哲学思想。李小龙认为，进攻就是最好的防御。截拳道讲究简单、实用、快速，希望通过训练将拳法、腿法转变为身体的本能，用最短的时间和距离进行攻击和防御。训练者在一定的体能基础上才能更好地使用截拳道，因此在进行截拳道的练习前要有针对性地进行专项训练，如利用有计划性的慢跑、快跑进行腿部训练，利用速度球、沙包等加强自身力量。

• 空手道

空手道是以摔、打、踢为基础的技术，练习者赤手、赤足进行格斗。空手道与跆拳道有相似之处，二者技术多变，攻防转换频繁，练习时身体的能量都主要来自无氧供能系统。

在实战中，空手道有很强的杀伤力。空手道主要有手技和足技两大类技术方式。练习空手道要坚持攻防一体的原则，在防守时寻找进攻的机会，保证手脚协调并结合呼吸发力。

● 跆拳道

从广义上看，跆拳道是一种以手脚并用为特点的技术，但从本质上分析，跆拳道是一种讲究腿法的技术。

跆拳道的拳法主要用于格挡、防守，在进攻时更多地使用腿法。在攻击过程中，训练者往往上半身后倒，主动送髋，尽最大可能发挥腿部力量，扩大攻击范围。

在战术上，跆拳道讲究以刚制刚，双方直击直打，动作连接紧凑，目的是使敌方难以反应。在练习过程中，练习者需要始终以礼相待。

● 拳击

拳击主要是对拳法的运用，不包括腿法、擒拿等技术。拳击有3种基本的拳法，即直拳、勾拳和摆拳。直拳的攻击路线为一条直线，路线短、速度快。使用直拳轻击则为刺拳，可用于试探双方的距离，破坏对方的防御。使用勾拳击打时，手臂呈钩状，拳从体侧打出，威力极大。摆拳是从侧面横向击打，出拳时手臂屈肘约90度，呈弧线形。这3种基本的拳法可以组成多种连续拳法进行攻击，更具攻击性。

拳击的防守和反击可分为格挡防守反击（一般用手臂格挡对方来拳，趁机加以反击）和躲闪防守反击（上半身躲闪或利用脚步移动躲避对方来拳，并采取反击）。

拳击训练者可以用空击、沙袋、速度球和实战训练等多种方式来不断提高体能水平和拳击技术。

● 泰拳

泰拳一直以来就以凶悍的特点而著称于世。纵观当今世界的各种搏击术发展史可以发现，很多经过改良后已成为以强身健体、磨炼意志、陶冶情操为主要目的的体育运动。然而，泰拳虽然也吸收了一定的现代体育的元素，如戴拳套和引入有关的比赛规则等，但其根本的宗旨还是打败对手。凡投身泰拳训练，以泰拳为谋生手段的人，其训练的投入都很大：在初学技术时就要进行对抗搏击练习，需要在招法不熟、被动挨打的过程中，学会战斗判断、反应、招架和闪躲等技能；同时，进行艰苦的体能训练和肢体抗击的磨炼也是必不可少的。

● 散打

我们可以把散打简单理解为格斗双方徒手面对面地打斗。散打是中国武术的重要组成部分，古代的比武擂台是早期的散打比赛形式。在现代，散打已发展成为一项竞技体育项目，散打还被广泛应用于军警人员的日常训练中，因为散打中的摔、打、踢技术可以有效地制服罪犯。此外，也有一些格斗爱好者学习散打是为了防身健体。

● 巴西柔术

在20世纪初，巴西人学习了日本的柔道技术，在此技术的基础上发展出一门可以以柔克刚、以弱胜强，以降伏、擒技为特征的格斗与防卫技术——巴西柔术。巴西柔术的一个重要策略是将对手拖到地面，获得控制上的优势，然后运用不同技术（如关节技、绞技等）将对手制服，是一项以地面技为主的格斗运动。巴西柔术的训练者讲究通过杠杆原理，以很小的力产生强大的打击和自卫力量，这是受到了日本柔术的影响。

● 综合格斗（MMA）

综合格斗 (mixed martial arts，简称MMA)，顾名思义，是一种综合运用站立打击和地面缠斗技术的综合性竞技运动。在综合格斗的比赛中，我们可以看到选手展现出跆拳道、空手道、柔道、散打、拳击、泰拳，以及巴西柔术等形式丰富的格斗技术。也正是因为其“综合性”，综合格斗的比赛规则相较于其他格斗是非常开放的。但想要成为一名出色的综合格斗选手，并不是简单、机械地在站立时使用站立打击（如泰拳、散打）技术，在倒地后使用巴西柔术即可，需要选手根据比赛形势和对手情况，有机、灵活地将各种格斗技术进行整合，做到融会贯通，形成自己独特的格斗策略。

目前最顶级、影响力最大的综合格斗赛事是终极格斗冠军赛（Ultimate Fighting Championship，简称UFC）。

第二章 格斗基本功

1 热身

• 爬行

爬行运动是要求全身协调配合的一种运动方式。在爬行过程中，全身的肌肉、骨骼等组织全都参与了运动。

猫爬

1

1 四肢支撑身体，膝盖离地，背部与地面平行，让身体的重量均匀分布于四肢。

细节图

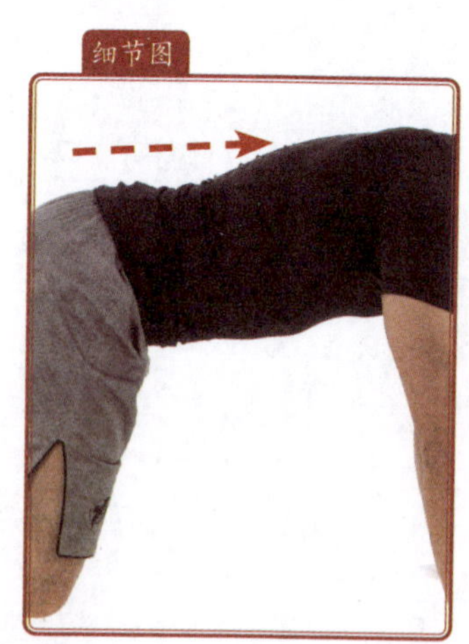

提 示

如果刚开始以膝盖离地的方式爬行感觉吃力，可以先练习双膝支撑的辅助动作。

2

2 左手与右脚同时抬起，向前爬行。

3

3 随即右手与左脚同时抬起，向前爬行，四肢以异侧手脚同时向前移动的方式交替前进，也可以后退爬行。

提　示

1. 四肢支撑身体时肩膀不要超过手腕，避免手腕的压力过大。指尖的朝向也可以不完全朝前，手腕力量弱的可以将虎口朝向爬行的方向。同时，臀部不要过高也是减轻手腕压力的方法。
2. 注意爬行过程中膝盖的朝向，不应有内扣现象。

熊爬

1

多角度图

细节图

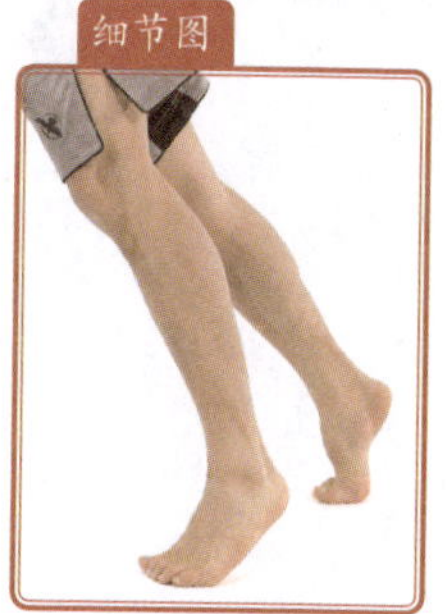

1 双手双脚撑地，双腿蹬直。躯干与下肢的夹角大致为90度，臀部为最高点。然后双脚脚跟抬起，脚尖撑地。

2

2 右手与左脚率先提起向前移动。

3

3 随即左手与右脚继续向前移动。保持节奏，交替向前爬进，也可以后退爬行。

提 示

运动过程中记得别让身体垮下来（不凹背、不拱背）。不管前进或后退，建议一步一步移动，不然很容易乱了节奏，手脚不协调。

壁虎爬

1

3

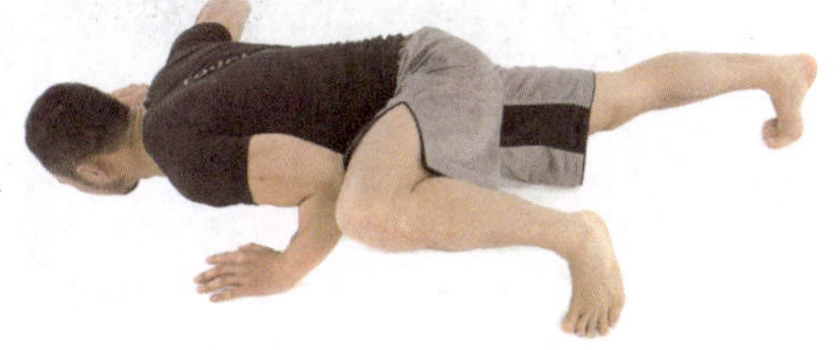

1 双手双脚撑地，身体呈一条直线。

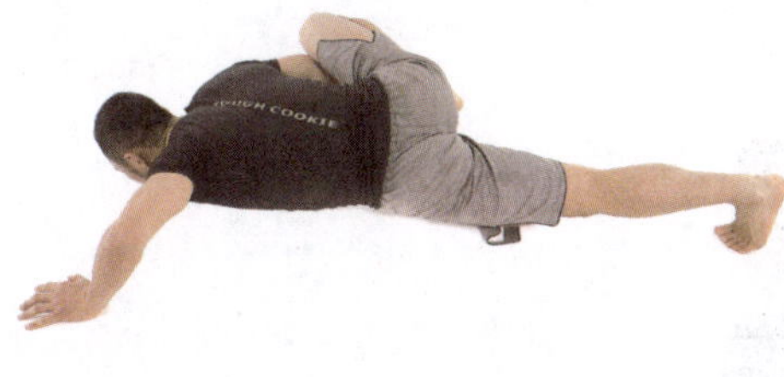

3 双臂撑起后，右手与左脚先向前移动：左腿屈膝落于体侧，双臂屈肘做一次类似俯卧撑的动作。重复前面动作，连续向前移动，也可以后退爬行。

2 随即左手与右脚抬起向前移动：右腿屈膝落于体侧，同时双臂屈肘，迅速做一次类似俯卧撑的动作。

蜘蛛爬

1

1 仰面朝上，背部向下。双手、双脚脚跟撑地，双手指尖与脚尖方向一致。

2

2 左脚前伸同时右手随之向前移动。

3

3 随即右脚向前进步左手随之移动，四肢以异侧手脚同时向前移动的方式交替前进，也可以后退爬行。

踢腿

正踢

1 由站立姿势开始，双臂向两侧打开大致与肩同高，手心向外，目视前方。左脚在前，重心落于左脚。

多角度图

2 右腿快速向正前方上踢，完成后恢复准备姿势，左腿重复上踢动作，交替进行。

多角度图

侧踢

1

多角度图

1 由站立姿势开始，双臂向两侧打开大致与肩同高。左脚向右侧交叉跨一步，目视右手方向。

2

多角度图

2 右腿伸直由体侧快速向上抬起，同时右臂屈肘于胸前，左臂屈肘向上，左手与右脚接触。重复动作，然后换另一侧进行。

十字踢

1

1 由站立姿势开始，双臂向两侧打开。左脚在前，右脚在后，重心落于左脚，目视前方。

2

2 随即右腿快速向左前方抬起至头部高度。运动过程中尽可能保持支撑腿蹬直。

3 恢复准备姿势。双腿交换位置，右脚在前，左脚在后，重心落于右脚。

4

4 右腿支撑身体，左腿向右前方快速抬起至头部高度。双腿交替进行。

● 抡臂

向前抡臂

1

1 双脚开立与肩同宽，双臂自然垂于体侧。

2

2 双臂伸直，向后、向上抬起，做弧线运动。

3

4

5

3 双臂用力，以肩关节为轴，由后向上抡臂画弧。

4 双臂继续由上向下快速运动。

5 双臂运动至起始位置，恢复准备姿势，然后重复动作。

向后抡臂

1 双脚开立与肩同宽，双臂自然垂于体侧。

2 双手手心相对，由下向上举起，至与地面平行。

3 双臂继续向上，此时双臂垂直于地面。

4 双臂经肩部向后打开、向下抡臂。

5 双臂继续由后向前抡动。

6 动作完成后恢复准备姿势，然后重复动作。

交叉抡臂

1 双脚开立与肩同宽，双臂伸直向上举起垂直于地面，双手手心相对。

2 双臂交叉抡动：左手向前，右手向后，上半身转向右侧。

3 双臂快速向下，目视前方。

4 两手交换动作，上半身向左侧转，右手向前，左手向后。方向相反，动作相同。

5 双臂缓慢向上，目视前方。

6 双臂运动至起始位置，重复进行抡臂动作，然后换另一侧进行。

滚翻

前滚翻

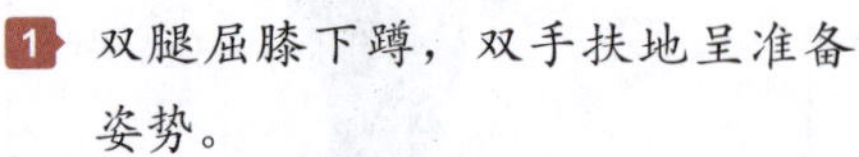

1 双腿屈膝下蹲，双手扶地呈准备姿势。

2 随即双脚蹬地，臀部向上提起。左臂（或右臂）屈肘以前臂撑地，上半身下俯。

1

2

3 动作不停，身体快速向前翻滚（过程中注意勾头），肩部着地。

细节图

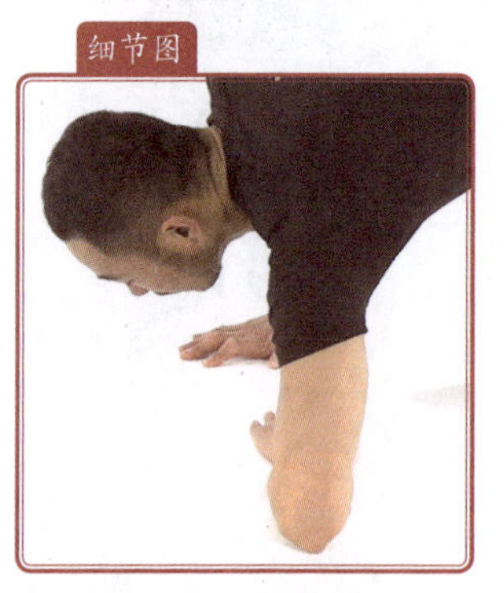

3

4 身体继续翻滚，此时腰背部着地支撑身体。

5

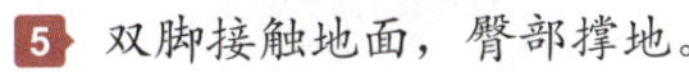

5 双脚接触地面，臀部撑地。

6

6 臀部离地，恢复准备姿势，重复动作。

后滚翻

1

1 双腿屈膝下蹲，双脚脚尖撑地。上半身后仰，臀部着地，双手抱膝（熟练后可不抱膝）。

2

2 身体继续后仰，背部接触地面。随即双臂的上臂撑地，双腿向上向后发力。

3

3 身体用力向后翻转，双膝撑地，双脚脚尖着地。

4

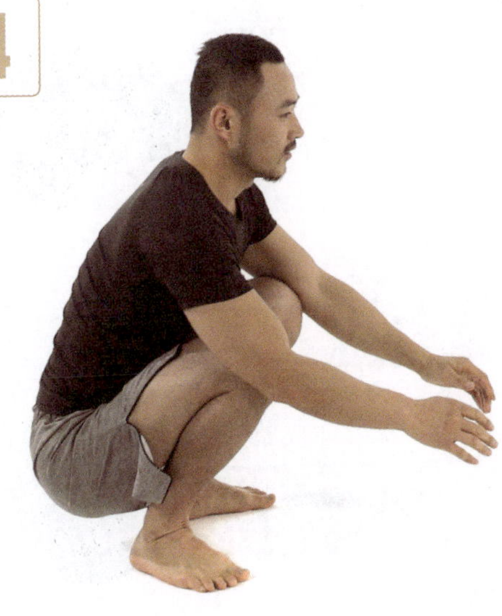

4 动作不停，上半身直起，双脚撑地，恢复准备姿势，重复动作。

虾行

1 仰卧于地面，头部抬起，屈膝，脚跟着地。屈手肘，上臂与手肘贴紧身体两侧。

1

2 双脚蹬地，臀部离开地面。

2

3 左腿伸直，左脚离地，身体向左侧翻转。

3

4 身体继续左倾，右脚发力伸直右腿，双手用力伸向脚尖方向，身体呈虾形。

4

多角度图

5

5 随即身体回到仰卧姿势，在此过程中右脚保持在地面上。然后换左脚蹬地，右脚向右侧伸出。

6

6 左脚继续蹬地发力，身体向右侧翻转。

7 双腿伸展，身体继续右倾，双手用力向脚尖方向伸出，身体呈虾形。

7

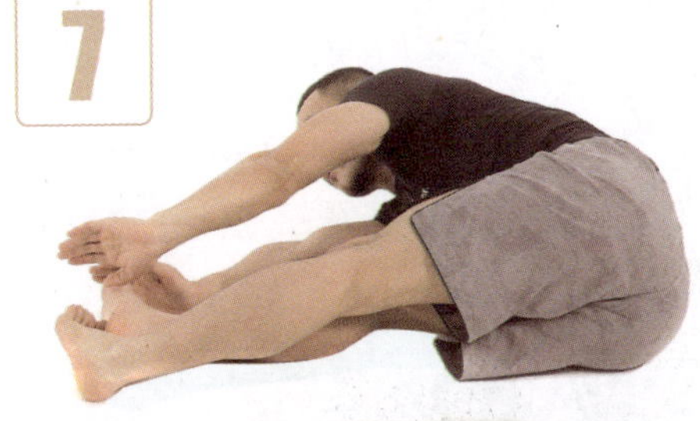

8 动作完成后恢复起始姿势，重复动作。

8

多角度图

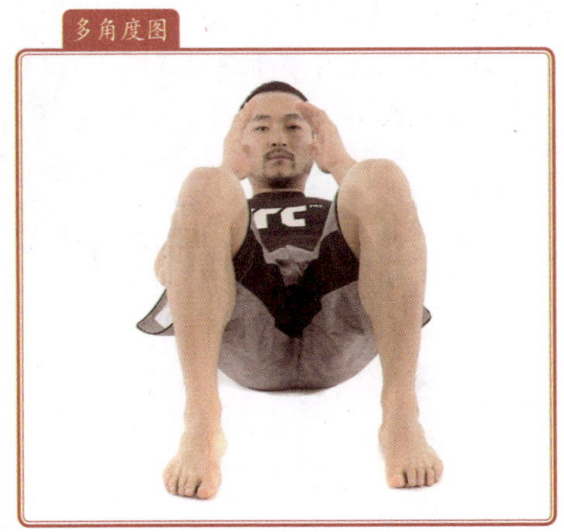

起桥

1

1 仰卧于地面，屈膝，双脚撑地。屈手肘，上臂与手肘贴紧身体两侧。

2

2 双脚蹬地，臀部离开地面，至大腿与躯干接近呈一条直线。

3

3 左臂向右肩上方伸出，带动上半身向右翻转，右侧脸贴地。

4

4 臀部回落，恢复准备姿势，换方向重复动作。

2 站架

站架作为格斗技术的基础姿势，具有防御和攻击的功能。站架包括正架和反架。

● 正架

身体略微右转，左肩朝前，含胸收腹。

双手自然抬起，双肘大致保持90度角，右手置于自己的右脸颧骨下方的位置，左手置于自己的鼻子前方。

两腿肌肉绷紧，膝关节微微弯曲。

在站立的基础上，右脚向右后方45度撤出一步，双脚间距略宽于肩，右脚脚尖着地，脚跟抬起，左脚向内侧微扣。

（本书中的“格斗姿势”指站架）

● 反架

身体略微左转，右肩朝前，含胸收腹。

双手自然抬起，双肘大致保持90度角，左手置于自己的左脸颧骨下方的位置，右手置于自己的鼻子前方。

两腿肌肉绷紧，膝关节微微弯曲。

在站立的基础上，左脚向左后方45度撤出一步，双脚间距略宽于肩，左脚脚尖着地，脚跟抬起，右脚向内侧微扣。

提　示

1. 两手肘自然下垂，保护肋骨。
2. 侧向站立，保持放松，控制好身体的重心，将重心放在两脚中间的位置，不能偏于左脚，也不能偏于右脚。

3 步法移动

格斗中的步法移动决定着对战时进攻、防守的速度和成败。在双方对战过程中，要利用一定的步法来稳定自身平衡或破坏对方平衡。当步法逐渐娴熟时，可利用腿部力量增强出拳力度，提高杀伤力，所以步法移动是格斗学习的基础。

● 向前移动

由格斗姿势开始，左脚在前。右脚用力蹬地，使左脚迅速向前移一步，右脚迅速向前跟进，恢复格斗姿势，重复动作。

细节图

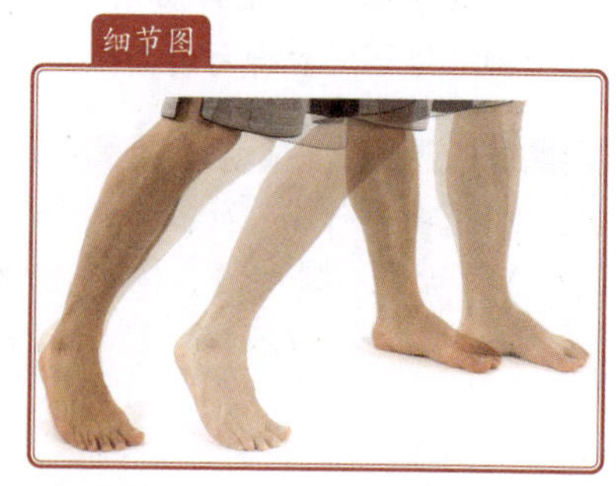

• 向后移动

1

2

3

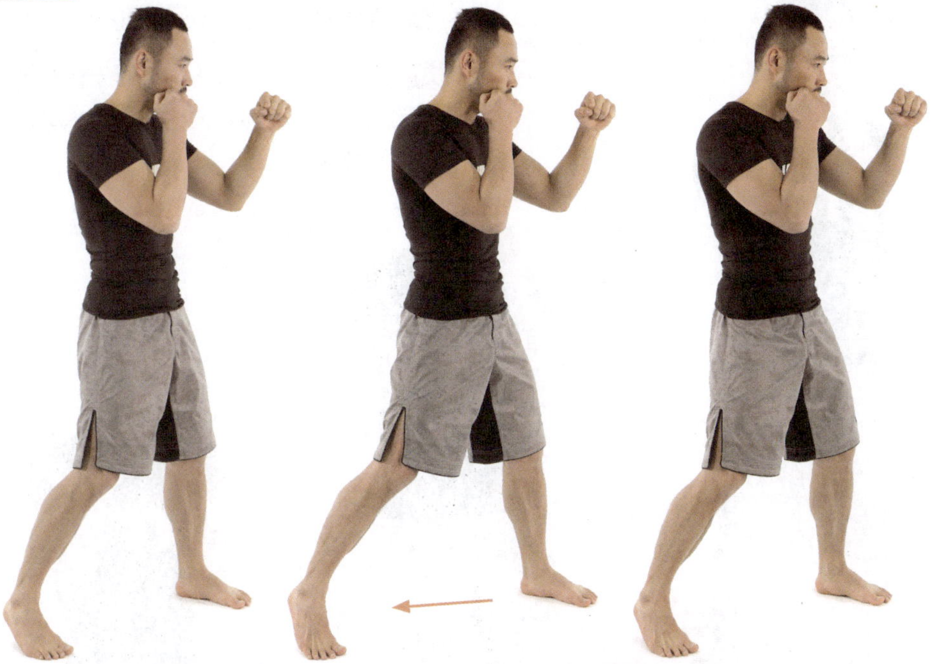

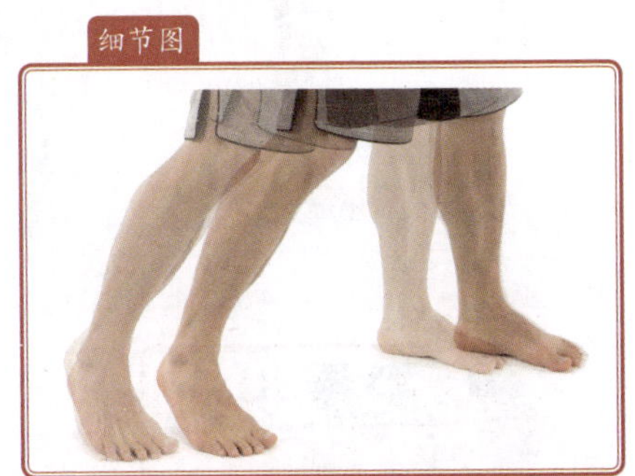

由格斗姿势开始，左脚在前。左脚用力蹬地，使右脚迅速向后撤步，左脚迅速向后跟进，恢复格斗姿势，重复动作。

提 示

1. 身体的重心始终落在两脚之间。
2. 要擦着地面滑步，不要跳起或蹦起，脚不可抬得过高。
3. 滑步后要保持原来的姿势和两脚间距，两脚不可并拢。

• 向左移动

1 由格斗姿势开始，左脚在前。

2 右脚蹬地，左脚向左侧移步。

3 左脚落地后，右脚迅速向左侧跟进，身体向左侧移动，恢复格斗姿势，重复动作。

2

细节图

向右移动

1. 由格斗姿势开始，左脚在前。
2. 左脚蹬地，右脚向右侧移步。
3. 右脚落地后，左脚迅速向右侧跟进，身体向右侧移动，恢复格斗姿势，重复动作。

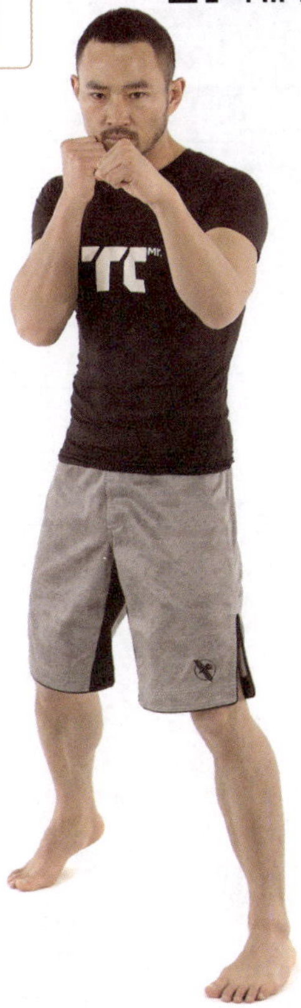

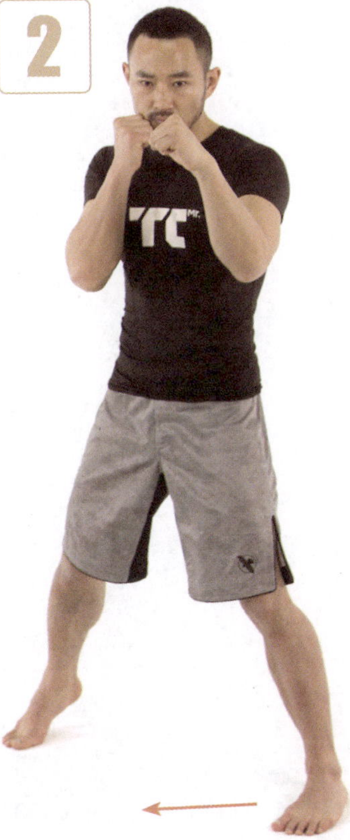

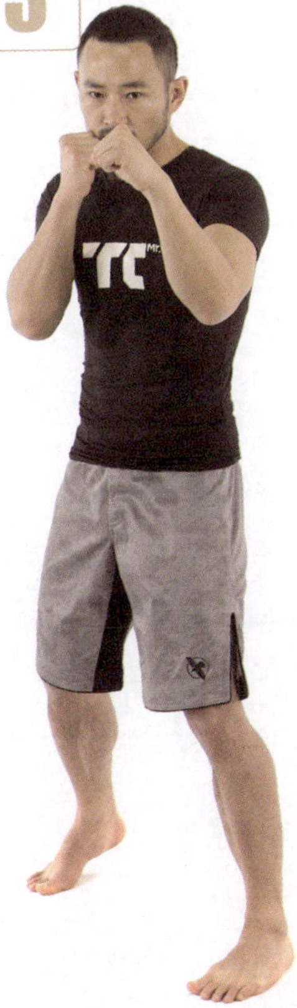

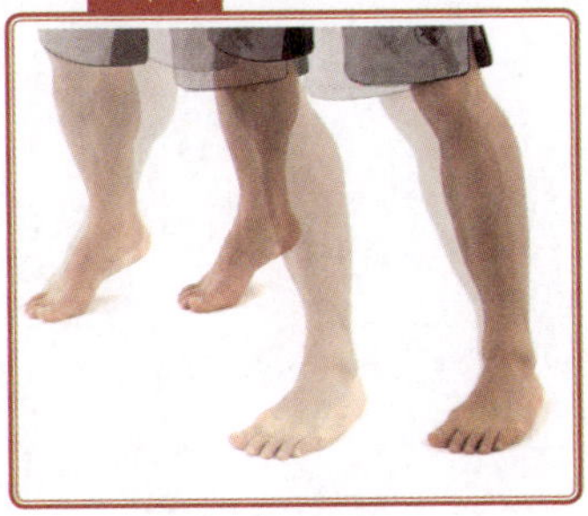

第三章 拳法

1 直拳

直拳是格斗中使用最多的一种拳法，其特征为动作简单、攻击迅速、运动路线短且破坏力极强。直拳可以分为：刺拳、前（左）手直拳和后（右）手直拳。

刺拳

1 由格斗姿势开始，左脚在前。

2 重心前移，同时前手快速向前出拳，手心向下。

3 出拳后重心后移，前臂迅速收回，随即可连续以刺拳进攻。

多角度图

前手直拳

1 由格斗姿势开始，左脚在前。

2 前脚蹬地，身体略微向右转，前手直拳快速前送。

提　示

直拳（前手直拳与后手直拳）与刺拳动作相似，但也有区别：刺拳出拳后需要马上收回手臂，因为刺拳主要的作用是刺探对方虚实，同时也可以调整与对手之间的间距，往往连续出拳并需要配合步法；而直拳具有更强的攻击性，直拳的主要作用就是攻击，使用全身力量爆发性地发起一次有效攻击。

3

多角度图

4

3 后脚踩实，前脚前脚掌蹬转，身体随之右转，同时前臂完全伸直，手心向下。后手护于下颌。

4 动作完成后恢复准备姿势。

后手直拳

1 由格斗姿势开始，左脚在前。

2 后脚蹬地，身体略向左转，前手护于脸侧，后手直拳快速前送。

3

3 后脚继续蹬地，上半身继续迅速向左侧转动，同时身体略向前倾，重心前移，右肩前送，右臂前伸，手心向下。

4 动作完成后恢复准备姿势。

多角度图

2 摆拳

摆拳一般用于从侧面向对方发起攻击。出摆拳时身体与拳的方向相反，可以分散敌人注意力，攻击力度较大。但摆拳的攻击路线较长，不具隐蔽性，若击打落空容易使自身失去平衡。

• 前手摆拳

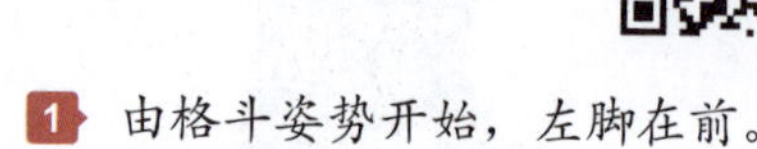

1 由格斗姿势开始，左脚在前。

2 后脚蹬地，身体向左侧偏转。

1

2

多角度图

3

多角度图

3 动作不停，左肩带动前手从左侧以弧形路线出拳：上臂内旋，手肘抬至大致与肩齐平，前脚蹬地转动；力量集中于拳部，手心向下，右手护于颧骨下方。

4 动作完成后恢复准备姿势。

后手摆拳

1 由格斗姿势开始，左脚在前。

2 前脚蹬地，身体向右侧偏转。

多角度图

3 动作不停，右肩带动后手从右侧以弧形路线出拳：上臂内旋，手肘抬至大致与肩齐平，后脚蹬地转动；力量集中于拳部，手心向下，左手护于颧骨下方。

4 动作完成后恢复准备姿势。

多角度图

• 俄式大摆拳

俄式大摆拳与其他摆拳不同的是，要以肩部为轴由下至上转动手臂发起攻击。

1 由格斗姿势开始，左脚在前。

2 双腿略微屈膝，身体略微下蹲。

3 后脚用力蹬地，上半身前倾，重心前移，右臂以肩部为轴由下至上转动手臂。

1

2

3

多角度图

4

多角度图

5

4 后脚继续用力蹬转，同时身体向左侧偏转，带动右臂用力向下摆拳。

5 动作完成后恢复准备姿势。

3 勾拳

平勾拳

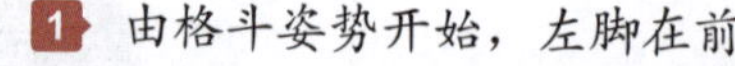

1 由格斗姿势开始，左脚在前。

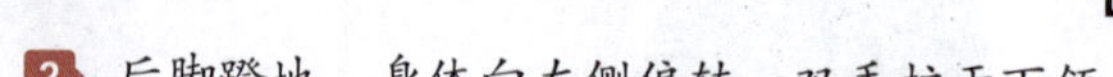

2 后脚蹬地，身体向左侧偏转，双手护于下颌。

3 随即将前手手肘提起至大致与肩齐平，利用腰胯力量，前脚的前脚掌蹬地，带动身体向右侧偏转，同时前手打出平勾拳，手心向内。

4 动作完成后恢复准备姿势。

1

2

3

4

细节图

5 动作不停，前脚蹬地，身体向右侧偏转，双手护于下颌。

6 随即将后手手肘提起至大致与肩齐平，利用腰胯力量，后脚的前脚掌蹬地，带动身体向左侧偏转，同时后手打出平勾拳。

7 动作完成后恢复准备姿势。

• 上勾拳

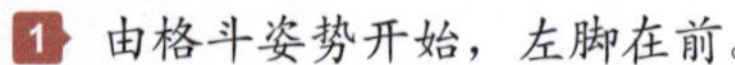

1 由格斗姿势开始，左脚在前。

2 后脚蹬地，身体向左侧偏转，双手护于下颌。

3 随即前脚蹬地带动身体向右侧偏转，同时前手由下至上打出勾拳。

1

2

3

4 动作完成后恢复准备姿势。

5 动作不停，前脚蹬地，身体向右侧偏转，双手护于下颌。

6 随即后脚蹬地带动身体向左侧偏转，同时后手由下至上打出勾拳。

7 动作完成后恢复准备姿势。

侧勾拳

1. 由格斗姿势开始，左脚在前。
2. 后脚用力蹬地，身体向左侧偏转，双手护于下颌。
3. 随即前脚蹬地带动身体向右侧偏转，左臂由下向右上方出拳，勾拳向上抬起约与胸部齐平，攻击目标。

4 动作完成后恢复准备姿势。

5 动作不停，前脚蹬地，身体向右侧偏转，双手护于下颌。

6 随即后脚蹬地带动身体向左侧偏转，右臂由下向左上方出拳，勾拳向上抬起约与胸部齐平，攻击目标。

7 动作完成后恢复准备姿势。

4 常用拳法组合

前后直拳

1 由格斗姿势开始，左脚在前。

2 前脚蹬地，带动身体向右侧偏转，同时前手直拳出击。保证动作的连贯，出拳迅速。

多角度图

3

4

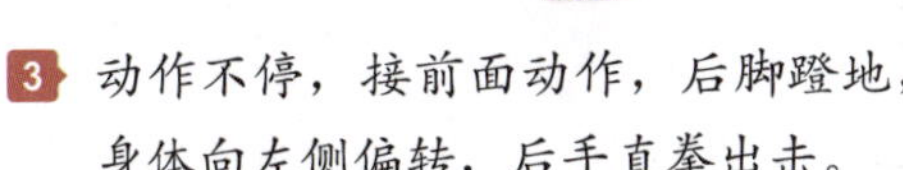

3 动作不停，接前面动作，后脚蹬地，身体向左侧偏转，后手直拳出击。

4 动作结束后恢复准备姿势。

多角度图

• 后直前摆拳

1

2

1 由格斗姿势开始，左脚在前。

2 后脚蹬地，身体向左侧偏转，前手护于脸侧，后手直拳出击。

多角度图

3 动作不停，接前面动作，前脚蹬地，身体向右侧偏转，前手摆拳出击。

4 动作完成后恢复准备姿势。

多角度图

直摆勾拳

1 2 3

1 由格斗姿势开始，左脚在前。

2 前脚蹬地，身体向右侧偏转，前手直拳出击。

3 随即后脚蹬地，身体向左侧偏转，后手摆拳继续进行攻击。

多角度图

4 动作不停，前脚蹬地，身体向右侧偏转，后手收回脸侧，前手上勾拳。

5 动作完成后恢复准备姿势。

多角度图

• 直勾摆拳

1 由格斗姿势开始，左脚在前。

2 前脚蹬地，身体向右侧偏转，前手直拳出击。

多角度图

3 4  5

3 动作不停，接前面动作，后脚蹬地，身体向左侧偏转，后手上勾拳。

4 随即前手摆拳继续进行攻击。

5 动作完成后恢复准备姿势。

多角度图

5 缠手带的选择与缠法

缠手带

所有和格斗相关的比赛，都规定选手使用缠手带（护手带），从而对选手的双手起到一定的保护作用。

一般选用棉纱材质，长度为3～5米的缠手带。

缠法

1

1 大拇指穿过绳套。贴手背，向手腕处缠绕2～3圈。

2

2 顺虎口方向缠绕指关节1～2圈；然后由食指与中指间穿过缠绕食指关节，依次以相同方式分别缠绕其他手指关节。

3

3 剩余部分继续沿手腕进行缠绕，最后用尼龙扣固定。

6 搭扣方式

• 徒手

方法一

此方式为对掌扣。双手手心相对，左手在上右手在下。左手指尖向右，右手指尖向左，双手交叉紧握。大拇指紧贴食指。这种方式最为常用，一般在手臂锁或过腿时使用。

方法二

1

2

3

多角度图

多角度图

由对掌扣开始，十指伸直。双手平行手心相对，十指弯曲紧紧搭扣，用力握紧。这种搭扣方式对手指力量可起到一定的锻炼效果。

方法三

此方式为断头台扣，应用极为广泛。右手握拳，手心向下，左手在上紧握右手。

● 器械

方法一

胸前抱球，双臂环绕。双手对掌搭扣，呈对掌扣。

方法二

紧接上面动作，双手转换搭扣方式。

方法三

胸前抱球，双臂环绕，双手紧扣呈断头台扣。

7 空击训练

空击训练是一种常用的格斗练习方式。通过空击训练可进一步加强训练者脚步的移动速度，改善自身动作的协调性，巩固并提高防守和攻击技巧。

● 呼吸节奏与放松

在空击训练过程中要尽可能调整呼吸节奏，进行大运动量的循环练习。以3分钟作为1个回合，进行快速、高频率、有力量的单击训练，伴有前后手连击或组合拳的连击训练，完成后进行1分钟的放松，短暂恢复体力，然后继续重复多个回合。

● 单一动作与组合

进行空击训练时可以在单一动作的基础上进行组合动作的训练。在训练过程中可以面对镜子，直接观察自己的出拳方式，同时及时改变出拳方式。此外还应注意全身动作的协调，使用正确的发力方式。

● 移动与攻防

在空击训练过程中集中注意力，确定自己的攻击目标，头部左右移动，在出拳的同时进行防守技巧的训练，配合脚步移动，前后手连续出拳，保证双拳的连贯性。

8 速度球训练

利用速度球进行训练的主要目的是练习出拳击打的距离感和准确性，并提高出拳速度。击打速度球时要保持正确姿势，快速出拳击打，击打过程中要与步法相互配合，跟随速度球的移动来时刻调整身体距离。

● 连击

连续出拳击打两次以上就是连击。在训练过程中可采用前后手连击的方式击打速度球。在训练之前要准确判断攻击距离，攻击速度球下方三分之一处，同时配合步法。

由格斗姿势开始，面对速度球，右脚点地，前手出拳击打速度球。动作不停，左脚略微移动，左脚点地，后手出拳击球。

前后手再次连击，完成后恢复准备姿势。在击打速度球时注意配合步法。

● 刺拳

刺拳击打速度球能够锻炼训练者对距离的判断能力，进一步提高刺拳出击的速度和准确性。

组合拳

以直摆勾组合拳为例进行速度球训练，过程中保持“左一右一左一右”的顺序进行击打，速度逐渐加快。熟练掌握节奏后，可变化组合拳形式配合步法进行练习。

由格斗姿势开始，前手直拳击打速度球，连接后手直拳。移动脚步，躲避速度球，接着前手摆拳继续击球。

动作不停，后手上勾拳击打。动作完成后恢复准备姿势。

9 正确打击沙袋

所有的拳法都可以利用打击沙袋进行练习。打击沙袋训练可以有效地提高出拳速度和力量。打击沙袋可以安排在空击训练之后，作为力量训练进行练习。

• 距离

在进行沙袋训练时，可率先通过刺拳练习调整与沙袋之间的距离，然后继续出拳。

移动

在沙袋训练过程中，要根据沙袋的摆动适当进行脚步的移动。这样一方面可以对步法进行训练；另一方面针对不同角度、不同位置的出拳方式进行训练。

• 单击

后手直拳

1 由格斗姿势开始，面对沙袋站立。

2 后脚蹬地，身体向左侧偏转，后手直拳击打沙袋。

3 动作完成后恢复准备姿势。

前手摆拳

1 由格斗姿势开始，面对沙袋站立。

2 前脚蹬地，身体向右侧偏转，前手摆拳击打沙袋。

3 动作完成后恢复准备姿势。

后手勾拳

1 由格斗姿势开始，面对沙袋站立。

2 后脚蹬地，身体向左侧偏转，后手上勾拳击打沙袋。

3 动作完成后恢复准备姿势。

连击

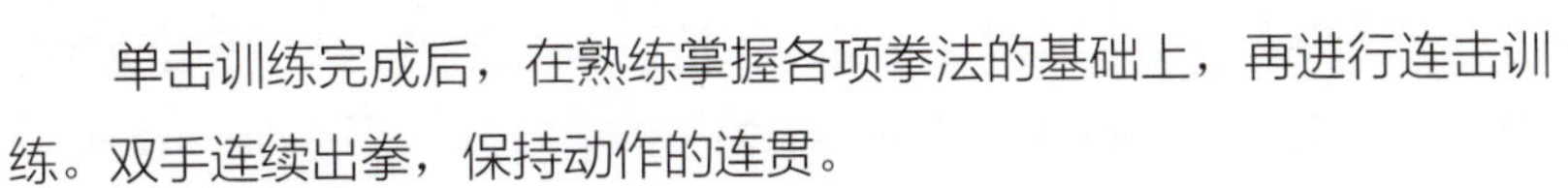

单击训练完成后，在熟练掌握各项拳法的基础上，再进行连击训练。双手连续出拳，保持动作的连贯。

前后直拳连击

1 由格斗姿势开始，面对沙袋站立。

2 前脚蹬地，身体向右侧偏转，前手直拳击打沙袋。

3 动作不停，后脚蹬地，身体向左侧偏转，后手直拳击打沙袋，前后手交替进行。

4 动作完成后恢复准备姿势。

• 组合

练习组合拳时应全身发力，明确攻击目标，保持正确的击打节奏。根据沙袋的实际摆动快速调整出拳节奏。同时身体可适当地进行躲避，使身体可以灵活移动。

摆勾直拳

1 由格斗姿势开始，面对沙袋站立。

2 前脚蹬地，身体向右侧偏转，前手摆拳击打沙袋。

3 动作不停，后脚蹬地，身体向左侧偏转，后手上勾拳继续击打。

4 然后前手直拳击打沙袋。以组合拳方式击打沙袋，形成“左-右-左”的出拳顺序。

前摆后勾拳

1 由格斗姿势开始，面对沙袋站立。

2 前脚蹬地，身体向右侧偏转，前手摆拳击打沙袋。

3 动作不停，后脚蹬地，身体向左侧偏转，后手上勾拳继续击打。

4 动作完成后恢复准备姿势。

后直前摆拳

1 由格斗姿势开始，面向沙袋站立。

2~3 后脚蹬地，身体向左侧偏转，后手直拳击打沙袋。

4 动作不停，前脚蹬地，身体向右侧偏转，前手摆拳击打沙袋。动作完成后恢复准备姿势。

直勾摆拳

1 由格斗姿势开始，面向沙袋站立。

2 前脚蹬转，身体向右侧偏转，前手直拳击打沙袋。

3 动作不停，后脚蹬地，身体向左侧偏转，后手上勾拳击打沙袋。

4 然后前手摆拳击打沙袋。以组合拳方式击打沙袋，形成“左-右-左”的出拳顺序。

● 节奏

拳腿组合 1—前刺后扫

1 由格斗姿势开始，面向沙袋站立。

2 前手刺拳率先击打沙袋。

3 随即稳定身体，后腿扫踢沙袋。

4 动作完成后恢复准备姿势。

拳腿组合 2—前摆后直前扫

1 由格斗姿势开始，面向沙袋站立。

2 前手摆拳率先击打沙袋。

3 动作不停，后手直拳击打沙袋。

4 右脚撑地，前腿迅速扫踢沙袋。

5 动作完成后恢复准备姿势。

10 击打力量及专项训练

• 负重冲拳

负重冲拳训练可以更有效地提高出拳力量和出拳速度，增加爆发力，同时使双臂肌肉逐渐增加，形成有力的出拳方式。在进行负重冲拳训练时，可以选用一定重量的哑铃、弹力带和沙袋等辅助器材进行。

1

2

1 双手分别持有一定重量的哑铃，呈格斗姿势，左脚在前。

2 随即前脚蹬地，身体向右侧偏转，前手快速向前方出拳。

3 随即前臂屈肘呈平勾拳姿势。

4 动作完成后恢复准备姿势，双臂交替进行，重复动作。

• 小哑铃空击

小哑铃空击训练强调出拳时的速度、力量、爆发力和准确性。在训练过程中选择重量合适的哑铃，保证动作的标准性和协调性，同时在训练结束后注意缓解肌肉疲劳。在空击训练中，可以利用各种组合拳进行练习。

多角度图

2

1 由格斗姿势开始，左脚在前，双手分别持握小哑铃。

2 随即前脚蹬地，身体向右侧偏转，前手直拳出拳。

3 动作不停，后脚蹬地，身体向左侧偏转，后手直拳出拳。

4 前脚蹬转，前手摆拳继续出拳。

5 动作完成后恢复准备姿势。

扣手腕

出拳的力量在一定程度上要依靠手腕的发力。若腕部缺乏力量就可能导致腕部受伤或者使出拳没有杀伤力。可以手持哑铃或杠铃进行扣手腕的专项练习。

手心向上扣手腕

在开始进行扣手腕训练时，由小重量的哑铃开始逐渐增加重量。在训练时要保持身体稳定，动作配合呼吸。吸气时扣腕，呼气时还原。

1 身体直立，双臂屈肘，双手分别持握哑铃，手心向上。

2 身体保持稳定，上臂贴身体，手腕上扣。重复动作。

手心向下扣手腕

1 身体直立，双手分别手心向下持哑铃。双臂前伸使哑铃大致与腹同高。

2 身体保持稳定，手腕下扣。重复动作。

第四章

防御技术（拳）

1 视觉反应

• 防眨眼训练

进行防眨眼训练是为了让训练者在防守过程中可以及时做出恰当的反应，克服本能，抓住时机进行反击。若在实战中当对方率先发起进攻而我方没有做到冷静处理，低头闭眼躲避，就会失去反击的机会，使我方处于被动局面，难以摆脱攻击。

1 甲（右）乙（左）双方呈格斗姿势准备。

2

2 乙方呈防御姿势，甲方率先以前手直拳快速向乙方额前出拳，在此过程中乙方要保持双眼睁开。

3

3 动作完成后双方恢复准备姿势。

4

4 乙方前手直拳向甲方额前出拳，在此过程中甲方要保持双眼睁开。

2 格挡

格挡可以保护自己并改变对方的攻击方向，进行格挡后便于进行反击。

• 直拳防御动作

双手格挡前手直拳

单人动作

双人演示

1 甲（右）乙（左）双方呈格斗姿势准备。

2

2 甲方以前手直拳攻击乙方头部，乙方下颌收紧，双手抱头防守，抵挡对方攻击。

3

3 动作完成后双方恢复准备姿势。

4

4 乙方前手直拳向甲方头部发起攻击，甲方同样双手抱头格挡对方攻击。双方互换进行训练。

左前臂格挡后手直拳

1

1 甲（右）乙（左）双方呈格斗姿势准备。

2

2 乙方后手直拳攻击甲方头部，甲方身体略向右侧偏转，抬起前臂格挡对方来拳。

3 随即甲方后手直拳攻击乙方头部，乙方迅速抬起前臂格挡对方来拳。

4 动作完成后双方恢复准备姿势。双方互换进行训练。

• 摆拳防御动作

单人动作

身体向左侧偏转，抬起右臂与头部同高，进行格挡。

双人演示

1

1 甲（右）乙（左）双方呈格斗姿势准备。

2

2 乙方率先发起进攻，前手摆拳攻击甲方头部。甲方身体迅速向左侧偏转，同时右臂快速抬起格挡乙方来拳。

3

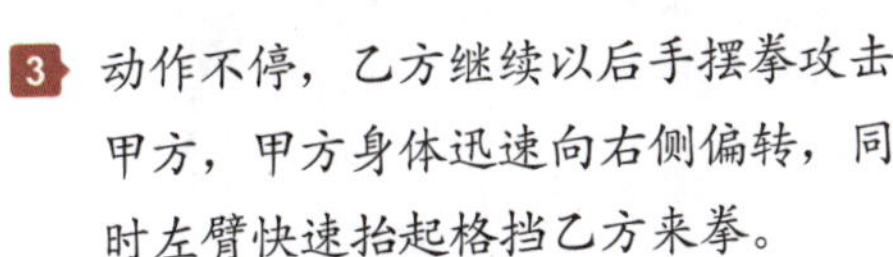

3 动作不停，乙方继续以后手摆拳攻击甲方，甲方身体迅速向右侧偏转，同时左臂快速抬起格挡乙方来拳。

4

4 动作完成后双方恢复准备姿势。双方互换进行训练。

• 勾拳防御动作

单人动作

在实战中，一般使用勾拳攻击对方的腹部位置。因此防御勾拳时应使用下图所示的动作。

双人演示

1 甲（右）乙（左）双方呈格斗姿势准备。

勾拳防御动作

2 乙方以后手上勾拳攻击甲方腹部，甲方身体向右侧偏转，用勾拳防御动作格挡乙方来拳。

3 动作不停，乙方迅速用前手上勾拳攻击甲方腹部，甲方身体向左侧偏转，用勾拳防御动作格挡对方来拳。

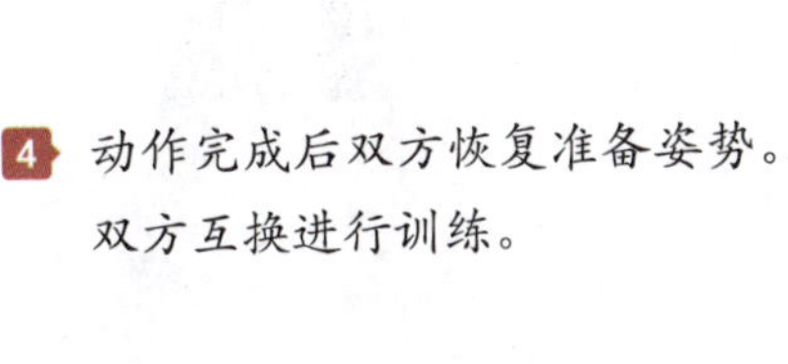

4 动作完成后双方恢复准备姿势。双方互换进行训练。

3 躲闪

进行躲闪训练时，训练者应快速移动，全身动作协调且灵活。

• 左侧躲闪

1

2

3

1~2 由格斗姿势开始，屈膝，后脚蹬地推动身体向左侧偏转，双手护于下颌，即向左侧躲闪。

3 动作完成后恢复准备姿势。

右侧躲闪

1~2 由格斗姿势开始，屈膝，前脚蹬地推动身体向右侧偏转，双手护于下颌，即向右侧躲闪。

3 动作完成后恢复准备姿势。

下潜躲闪

1~2 由格斗姿势开始，屈膝，身体重心快速下降。

3 动作完成后恢复准备姿势。

• 后侧躲闪

1~2 由格斗姿势开始，重心后移落于后脚上，前手向前出拳，避免对方继续跟进。

3 动作完成后恢复准备姿势。

4 摇避

在实战中，可使用摇避来应对对方的摆拳攻击。在摇避的过程中，上半身在空中的移动路线近似为一个U形。

• 左、右摇避

左摇避

1 由格斗姿势开始。

2 屈膝重心下移，前脚向左侧迈一步，在此过程中上半身大致沿一个U形由上至下再由下至上移动，向左侧摇避躲避对方来拳。

3 随即左脚迅速蹬地向左侧跟进一步，身体直立，恢复准备姿势。

右摇避

1 由格斗姿势开始。

2 屈膝重心下移，后脚向右侧迈一步，在此过程中上半身大致沿一个U形由上至下再由下至上移动，向右侧摇避躲避对方来拳。

3 随即右脚蹬地向右侧跟进一步，身体直立，恢复准备姿势。

• 摇避躲避摆拳攻击

1

1 甲（右）乙（左）双方呈格斗姿势准备。

2

2 乙方率先用前手摆拳攻击甲方头部。甲方迅速屈膝、下蹲。

3

3 甲方右摇避躲避对方来拳。

4

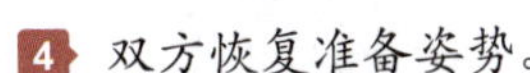

4 双方恢复准备姿势。

5 抗击打训练

抗击打训练是为了提高人体的抗击打能力，因此需要针对人体的一些脆弱部位展开训练。在训练过程中要根据训练者的实际情况制订训练计划，避免对身体造成伤害。

● 抱头防守的抗击打训练

抱头防守是在对战中处于被动局面且难以反击的情况下，采取的抱头防守方式。

1

多角度图

2

1 由格斗姿势开始，左脚在前。

2 双臂夹紧护于胸前，双手在上保护头部，双肩略前伸，下颌收紧。

3

多角度图

4

3 双腿略微屈膝，配合脚步移动。双臂间保留一定距离，便于观察对手，趁机反击。

4 动作完成后恢复准备姿势。

腰腹部抗击打训练

进行腰腹部的抗击打训练要求两人配合，双方由轻到重击打对方腰腹部。在训练时被击打的瞬间，可腹部憋气使腹部紧绷。

1

1 乙方（左）呈格斗姿势站立，甲方（右）双手自然垂落于身体两侧，自然直立。

2

2 乙方前手直拳发力攻击甲方腹部，甲方保持身体稳定，腹部憋气抵抗乙方击打。

3

3 乙方恢复格斗姿势准备。

4

5

4 乙方继续后手直拳击打甲方腹部，甲方此时继续保持腹部紧张感。乙方可改变出拳方式连续击打。

5 动作完成后，双方呈格斗姿势，攻防互换进行训练。

6 双人攻防互换

在熟练掌握拳法和拳的防御技术后，双方可进行双人攻防互换的训练，即利用第3章介绍的各种拳法（如直拳、摆拳和勾拳）和拳法组合（如前后直拳和后直前摆拳），以及本章的防御技术（如格挡和躲闪）进行组合应用，一方为攻方、一方为守方，然后互换角色进行训练。以下是一些双人攻防互换的训练演示。

• 刺拳互换

1

2

3

4

直拳互换

1

6

2

5

3

4

摆拳互换

1

2

3

4

5

6

勾拳互换

1

2

3

4

5

6

• 前后直拳防守反击

1

5

2

4

3

9
6
8
7

• 后直前摆组合互换

1

4
5
6
7

● 直勾摆组合

5
6
7
8
9

第五章 腿法

1 热身与拉伸

热身运动是训练之前必不可少的。热身运动能够对全身的肌肉进行“预热”，提高身体的柔韧性，预防损伤。

● 正压腿

单人

先以左腿作为支撑，右脚勾脚置于横杆之上。双手扶右脚，上半身前倾向下连续做下压动作。过程中双腿尽量保持直立不弯曲，完成后换压左腿。

双人辅助动作

甲（右）乙（左）两人相对站立，乙方单腿站立，左脚勾脚置于甲方右肩之上，双手抓住左脚。甲方视具体情况可适当屈膝，双手扶住乙方腿部，使其保持平衡。完成后换压右腿。

侧压腿

单人

身体侧对横杆，左腿支撑，右腿侧放于横杆之上。保持身体稳定，上半身向右侧连续下压。完成后换压左腿。

双人辅助动作

甲（右）乙（左）两人相对站立，乙方侧身，左脚勾脚置于甲方右肩之上，单腿站立。甲方视具体情况可适当屈膝，双手扶住乙方腿部，使其保持平衡。完成后换压右腿。

多角度拉伸

右脚在前屈膝撑地，左脚在后膝盖撑地，双手扶地，右手从右腿内侧绕过落于右脚右侧。停顿片刻拉伸腿部。

接上面动作，上半身右转，右手握左脚向上拉伸。

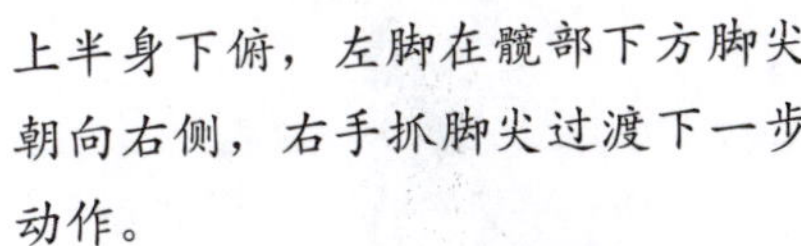

上半身下俯，左脚在髋部下方脚尖朝向右侧，右手抓脚尖过渡下一步动作。

接上面动作，坐于地面，左腿屈膝夹紧，左脚贴于右腿内侧。右腿伸直，双手扶右脚俯身向下拉伸。动作完成后换另一侧进行。

2 正踢

正踢是一种基础的踢法，其攻击路线从身体中线开始，由下向上。

• 动作

中正踢

1

1 由格斗姿势开始，左脚在前。

2

2 身体重心移至左脚，右腿屈膝向上抬起，膝盖大致与腹部同高。

低正踢

高正踢

3

提 示

除中正踢外还有低正踢和高正踢，可根据实际情况选择性使用。

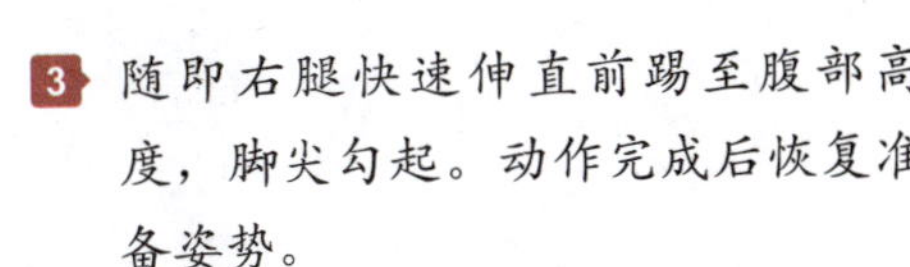

3 随即右腿快速伸直前踢至腹部高度，脚尖勾起。动作完成后恢复准备姿势。

• 实战运用

1 甲（右）乙（左）双方呈格斗姿势准备。

2 乙方重心移至左脚，右腿屈膝提起低正踢（踢击甲方膝盖）。

3 上面动作完成后，乙方右脚落地稍作停顿后，再次中正踢（踢击甲方腹部）。

4

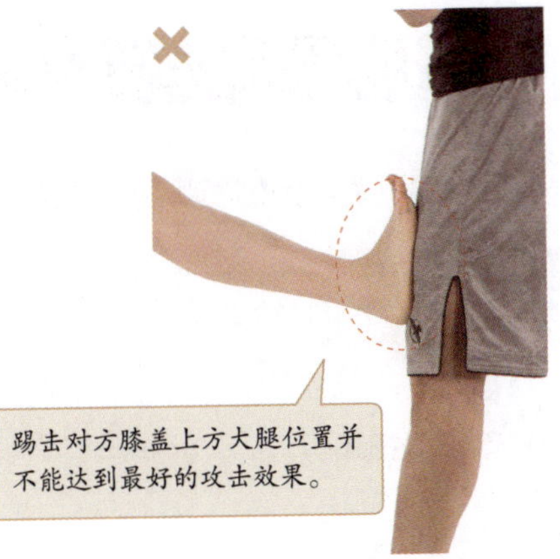

4 乙方继续以高正踢攻击甲方胸部，此时已成功破坏甲方的防御姿势。

5 动作完成后双方恢复准备姿势。

3 扫踢

扫踢的路线为侧面弧线型攻击路线。动作过程中，上半身可略微倾斜，增加攻击力度。

动作

前腿低扫踢

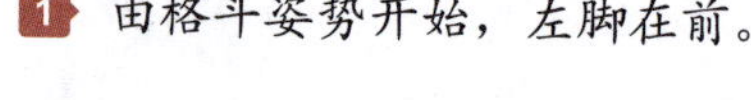
1 由格斗姿势开始，左脚在前。

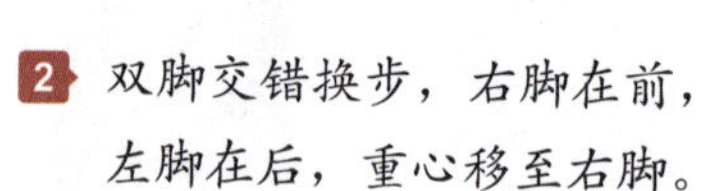
2 双脚交错换步，右脚在前，左脚在后，重心移至右脚。

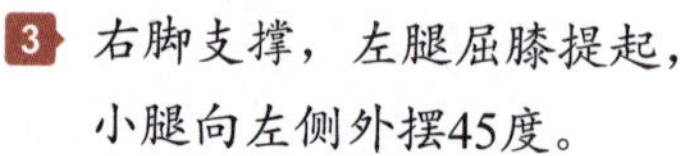
3 右脚支撑，左腿屈膝提起，小腿向左侧外摆45度。

4 随即以右脚为轴，向右侧略微转体，同时左腿伸直，迅速向右上方扫出。

5

5 动作完成后恢复准备姿势。

前腿中扫踢

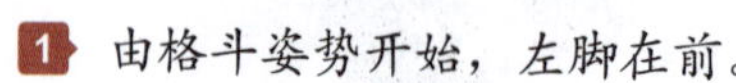
1 由格斗姿势开始，左脚在前。

2 双脚交错换步，右脚在前，左脚在后，重心移至右脚。

3 随即以右脚为轴，向右侧转体，同时左腿提起向右上方扫出。

4

提 示

向右侧转体时保持直腰，臀部收紧；将对方的腰、腹、胸部作为攻击目标；要用腰胯力量带动腿部出击。

5

4 右腿提至与腰部齐平或略高于腰部。

5 动作完成后恢复准备姿势。

前腿高扫踢

1 由格斗姿势开始，左脚在前。

2 双脚交错换步，右脚在前，左脚在后，重心移至右脚。

3 随即以右脚为轴，向右侧转体，同时左腿屈膝尽可能高地提起。

4

4 动作不停，左腿迅速蹬的同时身体向右倾，使脚高于头，脚背绷直扫出。

5

5 动作完成后恢复准备姿势。

● 攻击位置着力点演示

低位扫踢

低位扫踢的攻击力大，且不易被发现。运用这一技术时可踢击对方大腿及膝关节的内侧和外侧，扰乱对方的攻击节奏，牵制其移动的方向。

1

1 甲（右）乙（左）双方呈格斗姿势准备。

2 乙方从侧面提腿低位扫踢对方大腿外侧。

3 动作完成后恢复准备姿势。

2

3

4 乙方双脚交错换步，右脚在前，左脚在后，重心移至右腿。

6

5 乙方身体略微右转，抬左腿低位扫踢对方大腿内侧。

6 动作完成后双方恢复准备姿势。

中位扫踢

1

细节图

1 甲（右）乙（左）双方呈格斗姿势准备。

2

3

2 乙方从侧面提腿中位扫踢对方腰部。

3 双方恢复准备姿势。

4

4 乙方交错换步，右脚在前，左脚在后，重心移至右腿。

5

5 乙方身体略微右转，抬左腿中位扫踢对方腰部。

6

6 动作完成后双方恢复准备姿势。

高位扫踢

高位扫踢主要以腿部踢击对方颈部、头部位置，具有较高的威胁性。

1 甲（右）乙（左）双方呈格斗姿势准备。

2 乙方将身体重心移至左腿，随即右腿快速高位扫踢攻击甲方颈部。

3 动作完成后双方恢复准备姿势。

4

4 乙方交错换步，右脚在前，左脚在后，重心移至右腿。

5 动作不停，乙方身体略微右转，左腿快速抬起高位扫踢攻击甲方颈部位置。

5

6

6 动作完成后双方恢复准备姿势。

4 侧踹

侧踹与扫踢动作类似，都可以分为低位、中位和高位，但区别在于脚部的动作：前者使用“踹”，而后者使用“扫”。

● 动作

前腿低位侧踹

1

2

1 由格斗姿势开始，左脚在前。

2 右腿向前迈步，落地后身体重心移至右腿，前腿（左腿）屈膝上提。

3

3 同时转动腰胯，左腿屈膝继续上提至膝盖大致与腹部同高。

4

5

4 目视前方，左腿迅速向下蹬踹，主要攻击对手小腿和膝盖位置。

5 动作完成后恢复准备姿势。

前腿中位侧踹

1 由格斗姿势开始，左脚在前。

2 右腿向前迈步，落地后身体重心移至右腿，前腿（左腿）屈膝上提。

3 同时转动腰胯，左腿屈膝继续上提至膝盖大致与腹部同高。

1

2

3

4

4 左腿伸直向前方直线踹出，小腿高度约与腰部齐平或略高于腰部，上半身略向右侧倾。

5

5 动作完成后恢复准备姿势。

前腿高位侧踹

1

1 由格斗姿势开始，左脚在前。

2

2 右腿向前迈步，落地后重心移至右腿，前腿（左腿）屈膝上提。

3 同时转动腰胯，左腿屈膝继续上提至膝盖大致与腹部同高。

5

4 上半身向右下侧倾，同时左腿快速向左上方踹出，左脚高于头部位置。

5 动作完成后恢复准备姿势。

● 侧踹：双人演示

低

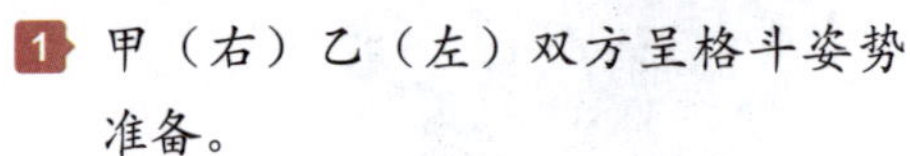

1 甲（右）乙（左）双方呈格斗姿势准备。

2 乙方重心移至右腿，右腿略微屈膝身体向右侧转，前腿（左腿）攻击甲方左腿膝盖。

3

3 动作完成后双方恢复准备姿势。

中

1 甲（右）乙（左）双方呈格斗姿势准备。

2 乙方重心移至右腿，右腿略微屈膝，身体向右侧转，前腿（左腿）攻击甲方腰部。

3 动作完成后双方恢复准备姿势。

高

1

1 甲（右）乙（左）双方呈格斗准备姿势。

2 乙方重心移至右脚，身体向右侧转，前腿（左腿）快速提起高位攻击甲方胸部。

2

3 动作完成后双方恢复准备姿势。

3

细节图

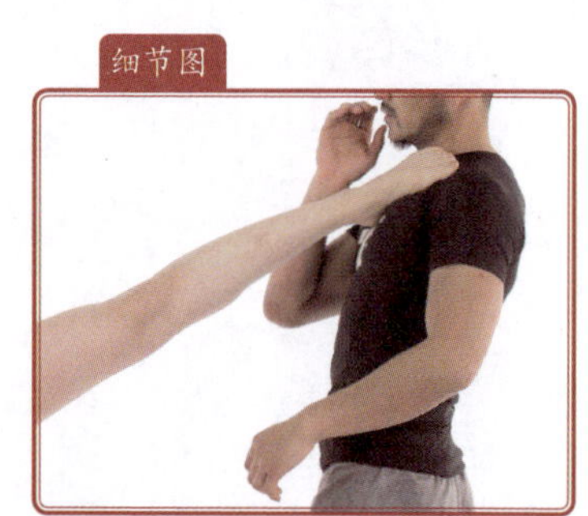

5 截踢

截踢，就是在对手准备踢腿发起进攻的瞬间进行拦截。截踢主要是针对大腿及其以下位置。在对战过程中注意力要保持高度集中，通过观察对方的表情变化以及身体的细微动作，判断对方的攻击意图，在对方攻击瞬间率先出击。

• 动作

1 由格斗姿势开始，左脚在前。

2 身体重心逐渐向左腿过渡，同时右腿立即随重心移动向前迅速拦截。

3 完成后恢复准备姿势。

• 双人演练

1 甲（右）乙（左）双方呈格斗姿势准备。

2 甲方欲向前发起攻击，乙方随即后脚踢击甲方膝盖，阻断其前进。

3 动作完成后双方恢复准备姿势。

提 示

向前移动时，动作要迅速且突然，不给对方反应时间。
在对方移动或提膝时，可截踢其移动腿的大腿、膝关节以及腹沟位置。
可将脚跟、全脚掌作为着力点。
要以速度和准确性作为技术重点，以快击慢。

第六章

防御技术（腿）

1 格挡

面对对手的腿部进攻，可用不同的身体部位格挡进行防守。

• 面对低扫

1

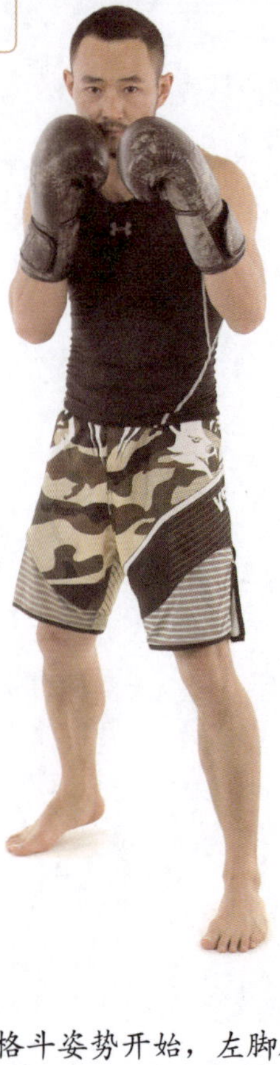

2

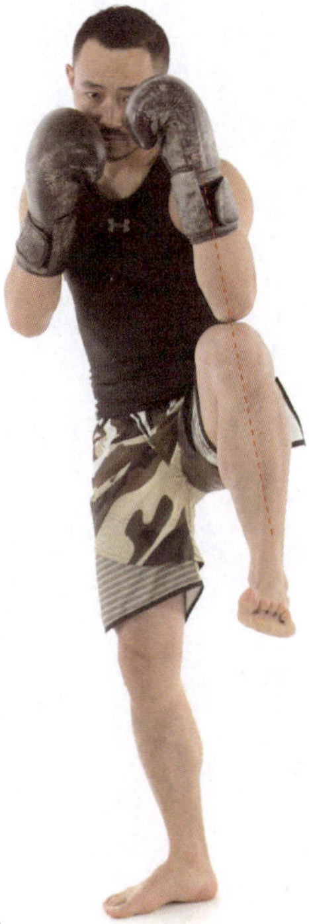

3

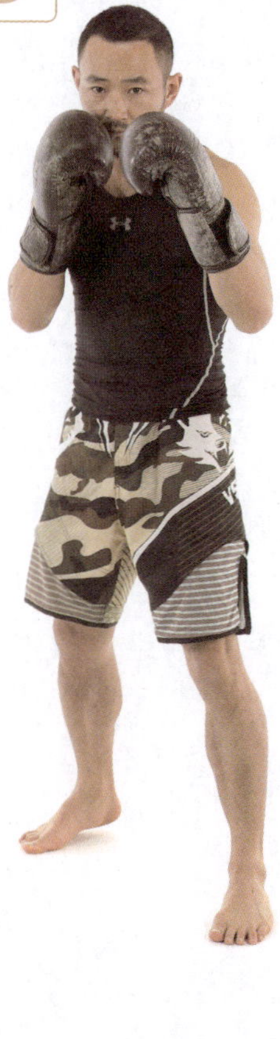

1 由格斗姿势开始，左脚在前。

2 身体重心右移，同时前腿（左腿）屈膝向上提起，膝盖抬高至大致与腹部同高，左手手臂与左小腿呈一条直线。

3 动作完成后恢复准备姿势。

双人演练

1

2

1 甲（右）乙（左）双方呈格斗姿势准备。

2 甲方前腿低扫攻击乙方，乙方前腿屈膝提起，以小腿内侧格挡防守。

3

4

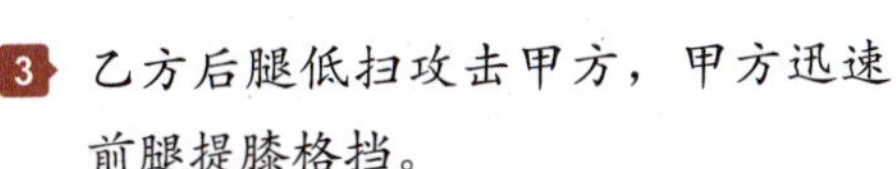

3 乙方后腿低扫攻击甲方，甲方迅速前腿提膝格挡。

4 动作完成后双方恢复准备姿势。

面对中扫

1. 由格斗姿势开始，左脚在前。
2. 右脚微蹬地，上半身向左侧倾，双拳护于下颌。双臂夹紧，将上臂外侧作为格挡位置。
3. 动作完成后恢复准备姿势。

双人演练

1. 甲（右）乙（左）双方呈格斗姿势准备。
2. 乙方后腿中扫攻击甲方，甲方迅速格挡防守对方攻击。
3. 随即双方恢复准备姿势。
4. 甲方前腿中扫攻击乙方，乙方迅速格挡防守对方攻击。
5. 动作完成后双方恢复准备姿势。

• 面对高扫

正面格挡

1

2

3

1 由格斗姿势开始，左脚在前。

2 身体重心移至左腿，右腿屈膝提起至大致与腹部同高。双臂夹紧，右肘于右膝上方，双拳保护头部，用手臂进行格挡，同时腿部也可做好反击准备。

3 动作完成后恢复准备姿势。

侧面格挡

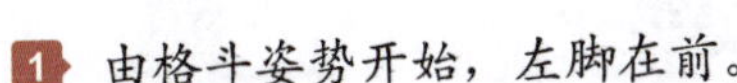

1. 由格斗姿势开始，左脚在前。
2. 身体略微侧身，双臂夹紧，双手护于头部一侧。
3. 动作完成后恢复准备姿势。

双人演练

1 甲（右）乙（左）双方呈格斗姿势准备。

2 乙方后腿高扫攻击甲方头部，甲方双臂迅速格挡。

3 动作完成后恢复准备姿势。

4 甲方前腿高扫攻击乙方头部，乙方双臂迅速格挡。

5 动作完成后双方恢复准备姿势。

2 抄抱

在实战中若一方采用腿法进行攻击时，便可采用抄抱结合拌、掀等技术动作，将对方摔倒在地，进行防御反击。

• 中扫抄抱防御

单人动作

1 由格斗姿势开始，左脚在前。

2 右脚蹬地，身体向左侧偏转，同时右臂屈肘约90度，上臂夹紧，左手与左侧腹部齐平，手心向上。右臂屈肘，呈右手手掌置于脸部右侧、手心向内的姿势。

3 动作完成后恢复准备姿势。

双人演练

1

4

2

5

3

1 甲（右）乙（左）双方呈格斗姿势准备。

2 乙方后腿中扫攻击甲方，甲方迅速于左侧抄抱乙方攻击腿。

3 双方恢复准备姿势。

4 乙方交错换步，右脚在前，左脚在后。

5 动作不停，乙方迅速后腿中扫攻击甲方，甲方迅速于右侧抄抱乙方攻击腿。

6 双方恢复准备姿势。

7 甲方后腿中扫攻击乙方，乙方迅速于左侧抄抱甲方攻击腿。

8 双方恢复准备姿势。

9 甲方交错换步，右脚在前，左脚在后。

10 甲方迅速后腿中扫攻击乙方，乙方迅速于右侧抄抱甲方攻击腿。

3 抗踢打训练

• 左右低扫防御

1 甲（右）乙（左）双方呈格斗姿势准备。

2 乙方后腿低扫踢击甲方前腿的大腿外侧，甲方双手抱头防守，重心向下，前腿屈膝防御，绷紧腿部肌肉。

3 随即乙方迅速用前腿低扫甲方前腿的大腿内侧，甲方试图防御。

4 动作完成后双方恢复准备姿势。

• 左右中扫防御

1 甲（右）乙（左）双方呈格斗姿势准备。

2 乙方后腿中扫踢击甲方腰部，甲方身体略右转，双手护于头部，防御对方攻击。

3 随即乙方迅速用前腿中扫攻击甲方腰部，甲方做同样的防御。

4 动作完成后双方恢复准备姿势。

• 左右高扫防御

1 甲（右）乙（左）双方呈格斗姿势准备。

2 乙方后腿高扫踢击甲方头部，甲方抬高双臂格挡呈防御姿势防守。

3 动作不停，乙方前腿高扫踢击甲方头部。甲方仍以双臂格挡防御。

4

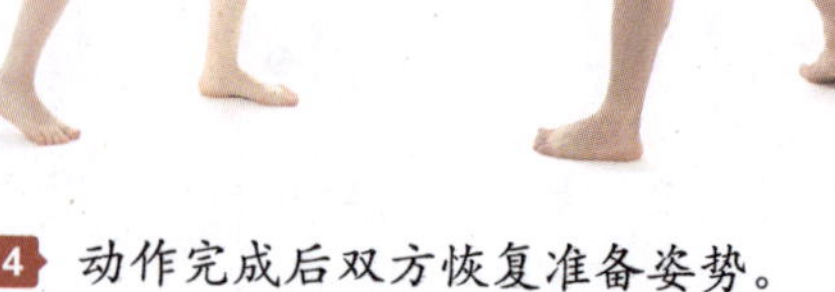

4 动作完成后双方恢复准备姿势。

第七章

实战组合应用

防守反击与迎击

接低扫－前后直拳反击

1

1 甲（右）乙（左）双方呈格斗姿势准备。

2

2 乙方后腿低扫踢击甲方腿部，甲方调整后迎击。

3

3 随即甲方前手直拳攻击乙方，乙方双手抱头防守。

4

4 动作不停，甲方后手直拳继续进攻，乙方仍抱头防守。

5 双方恢复准备姿势。

6 甲方后腿低扫踢击乙方腿部，乙方调整后迎击。

7 随即乙方前手直拳攻击甲方。

8 动作不停，乙方后手直拳继续攻击，甲方抱头防守。

• 迎低扫 – 后手直拳反击

1

1 甲（右）乙（左）双方呈格斗姿势准备。

2

2 甲方后腿低扫发起攻击，乙方左手抱住甲方右腿，后手直拳反击甲方头部。

3

3 双方恢复准备姿势。

4

4 乙方后腿低扫攻击甲方，甲方左手抱住乙方右腿，后手直拳反击乙方头部。

● 接中扫－压颈摔反击

1

1 甲（右）乙（左）双方呈格斗姿势准备。

2

2 甲方以后腿中扫踢击乙方肋部，乙方抱住甲方右腿。

3

3 动作不停，乙方同时抬起右臂压住甲方颈部。

4

4 随即乙方右脚迅速蹬踹甲方支撑腿，配合右臂用力下压，使甲方失去平衡。

5

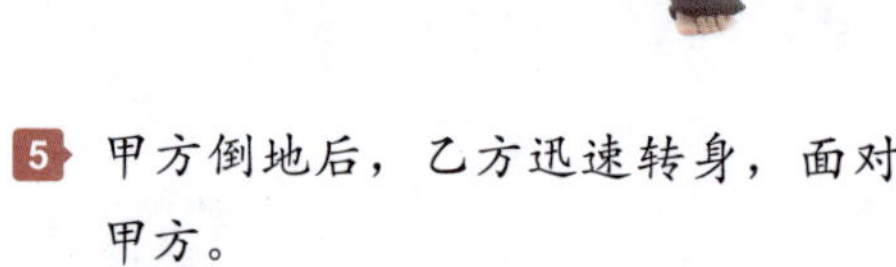

5 甲方倒地后，乙方迅速转身，面对甲方。

6

6 乙方快速恢复格斗姿势。

● 迎击动作

1

1 甲（右）乙（左）双方呈格斗姿势准备。

2

2 甲方前手直拳攻击乙方头部，乙方迅速微屈膝侧身向下，前手直拳击打甲方腹部。

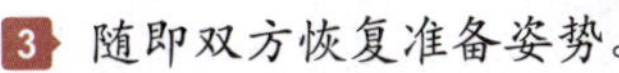

3 随即双方恢复准备姿势。

4 甲方再次以后手直拳击打乙方头部，乙方后脚蹬地，身体向左侧躲避对方来拳，并以后手直拳攻击甲方头部。

• 防中扫－后直反击

1

2

1 甲（右）乙（左）双方呈格斗姿势准备。

2 甲方以后腿中扫攻击乙方肋部，乙方左臂向下格挡防守。

3

4

3 动作不停，乙方后脚蹬地，后手直拳连击甲方头部。

4 动作完成后双方恢复准备姿势。

左侧变步

1

2

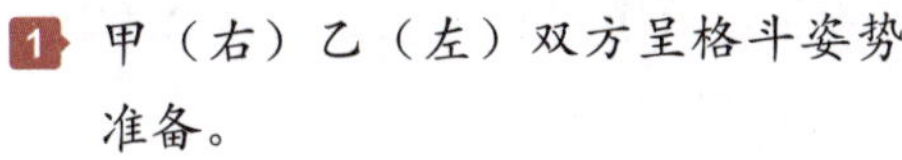

1 甲（右）乙（左）双方呈格斗姿势准备。

2 甲方率先以前手直拳攻击乙方头部，乙方双手抱头防守。

3

4

3 在出拳的同时甲方左脚迅速向左侧移步。

4 甲方右脚迅速跟进，出拳连击乙方。

右侧变步

1 甲（右）乙（左）双方呈格斗姿势准备。

2 甲方后脚蹬地，身体向左侧偏转，后手刺拳虚晃，乙方双手抱头防守。

3 动作不停，甲方左脚蹬地，右脚向右侧迈步。同时，前手摆拳攻击，乙方仍抱头防守。

4 出拳的同时，甲方左脚迅速跟进，出拳连击乙方。

第八章

近身技术（肘膝与摔法）

1 肘击

肘击出招速度快，能多角度灵活地发起攻击。攻击时具有极大的爆发力，在格斗中极为实用。

• 扫肘

除了水平横扫肘之外，我们还可以从任何角度出击，如斜上或斜下。

1 由格斗姿势开始。

2 左臂屈肘抬起，左脚蹬地。

3

多角度图

4

5

3 随即上半身快速右转，左臂由左向右快速摆出。

4 动作完成后恢复准备姿势。

5 右臂屈肘抬起，右脚蹬地，上半身略微左转。

6

7

多角度图

6 继续左转，右臂快速由右向左摆出。

7 动作完成后恢复准备姿势。

应用演示

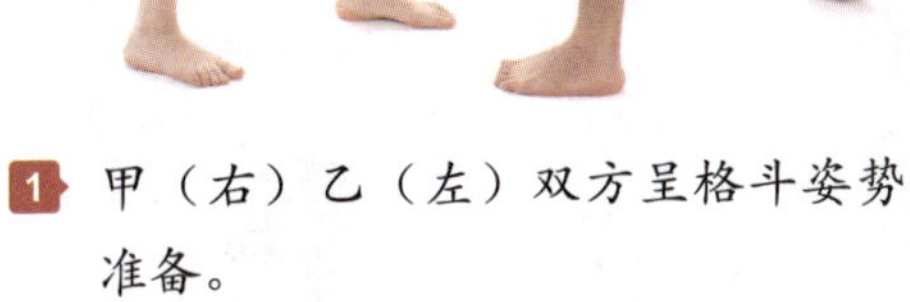

1 甲（右）乙（左）双方呈格斗姿势准备。

2 乙方前脚蹬地，左臂扫肘攻击甲方头部。

3 动作不停，乙方后脚蹬地，右臂扫肘攻击甲方。

4 动作完成后双方恢复准备姿势。

撞肘

使用撞肘技术时，建议配合脚步移动，以肘尖撞击对方。

多角度图

1 由格斗姿势开始。

2 前脚蹬地，身体略微右转，左臂屈肘抬起。

3 继续右转，左臂屈肘直线向前撞击。

4 动作完成后恢复准备姿势。

5 身体快速向右后转体，保持格斗姿势。

6 随即双脚位置不变，身体继续向右后方快速转体，同时右臂屈肘提起，向后侧撞肘。

7 动作完成后恢复准备姿势。

细节图

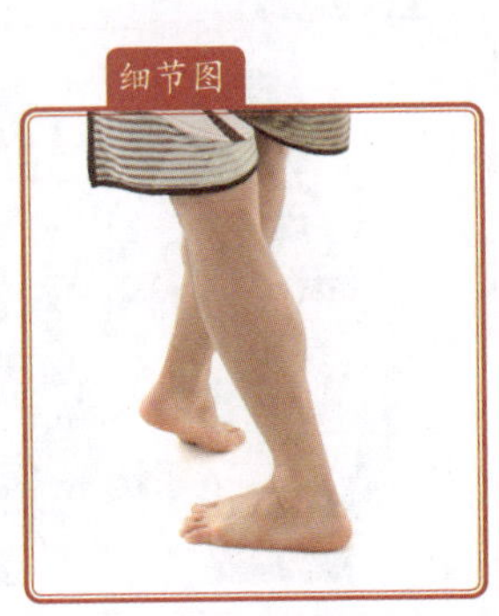

双人实战

1

1 甲（右）乙（左）双方呈格斗姿势准备。

3

3 动作不停，乙方迅速顺时针方向转体，从身后右臂屈肘撞击甲方头部。

多角度图

2

2 甲方后手摆拳率先攻击，乙方迅速向前，左臂屈肘抬起，直线撞击甲方胸部。

多角度图

• 砸肘

1. 由格斗姿势开始。
2. 右臂屈肘抬起，至右拳置于头部后侧。

多角度图

3

4

多角度图

3 随即后脚蹬地，右臂用力下砸，利用肘尖攻击。

4 动作完成后恢复准备姿势。

双人实战

1 甲（右）乙（左）双方呈格斗姿势准备。

2 甲方率先俯身双手环抱乙方，乙方右臂迅速屈肘抬起。

3 乙方利用右臂肘尖用力下砸，攻击甲方背部。

4 动作完成后双方恢复准备姿势。

2 膝击

膝关节是连接大腿与小腿的部位，膝击具有较强的攻击力与杀伤力，在近距离对战中可以实现有效攻击。

• 冲膝

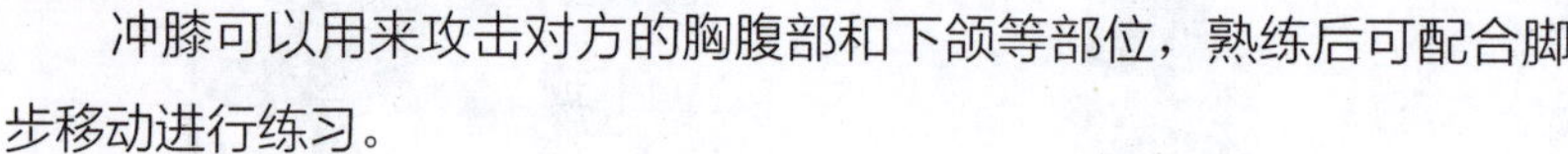

冲膝可以用来攻击对方的胸腹部和下颌等部位，熟练后可配合脚步移动进行练习。

前腿冲膝

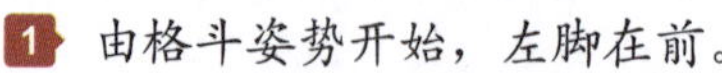

1 由格斗姿势开始，左脚在前。

2 双脚交错换步，右脚在前，左脚在后，双手微展开前伸。

3

多角度图

4

3 身体重心移至右腿，随即左腿快速屈膝向上冲膝，上半身后仰，右腿可略微屈膝，以保持身体稳定，同时双手下砍来增加冲膝的力量。

4 动作完成后恢复准备姿势。

后腿冲膝

1

1 由格斗姿势开始，左脚在前。

2 后脚蹬地，重心前移至左腿，双手微展开前伸。

多角度图

3

多角度图

4

3 随即右腿快速屈膝向上冲膝，上半身后仰，右腿可略微屈膝，以保持身体稳定，同时双手下砍来增加冲膝的力量。

4 动作完成后恢复准备姿势。

双人实战

1

1 甲（右）乙（左）双方呈格斗姿势准备。

2 乙方率先向甲方逼近，身体向前用双臂紧紧环住甲方颈部，甲方试图用同样的方式反击。

2

3

3 动作不停，乙方迅速用双臂下压甲方颈部，同时右腿屈膝用力冲膝撞击甲方腹部。

4 乙方右脚落地后重心移至右脚，右脚蹬地。

5 动作不停，乙方左腿迅速屈膝抬起冲膝撞击甲方腹部。

6 动作完成后双方恢复准备动作。

撞膝

基本动作

1 由格斗姿势开始，左脚在前。

2 重心移至左脚，右腿快速屈膝由外向内上抬，向身体左前方撞膝。

3 上半身继续向左后转动，利用膝盖攻击对手。

4 动作完成后恢复准备动作。

5 双脚交换位置，右脚在前，左脚在后。重心移至右脚，双臂前伸，双手手心向下，约与下颌同高。

6 左腿快速屈膝由外向内上抬，向身体右前方撞膝。上半身向右后转动，利用膝盖攻击对手。

7 动作完成后恢复准备动作。

双人实战

1

1 甲（右）乙（左）双方呈格斗姿势准备。

2

2 乙方向甲方逼近，双手率先环抱住甲方颈部。

3

3 乙方右腿迅速屈膝使用撞膝技术攻击甲方，同时双手配合用力下拉甲方颈部。

4 随即乙方右脚落地，重心移至右脚。

5 动作不停，乙方左腿迅速屈膝使用撞膝技术攻击甲方，同时双手配合用力下拉甲方颈部。

6 动作完成后双方恢复准备姿势。

3 抱腿摔

成功实施抱腿摔可破坏对方的身体平衡，将其击倒从而获得战术优势。抱腿摔可用于主动进攻和防守反击两种情形：在对方出现防守漏洞时，主动下潜抱腿将其摔倒（主动进攻）；对方用腿法进行攻击时，运用抱腿摔将其摔倒（防守反击）。

• 抱单腿

1

1 甲（右）乙（左）双方呈格斗姿势准备。

2

2 乙方率先前手直拳攻击甲方头部，甲方双臂迅速提起格挡对方来拳。

3 乙方趁机双腿屈膝下蹲。

4 动作不停，乙方迅速向前迈步，双臂圈住甲方左腿。

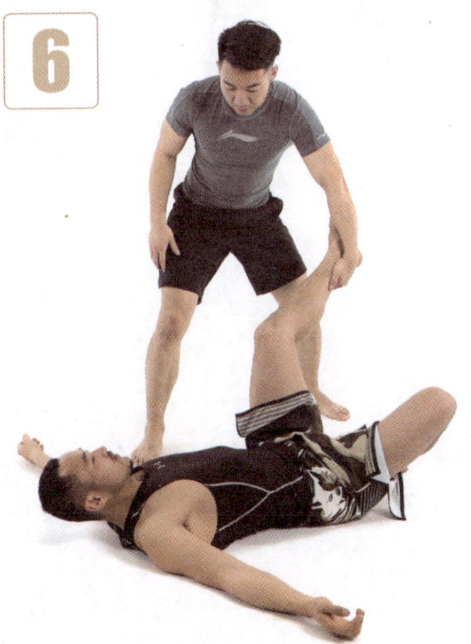

5 乙方用力抱起甲方左腿，拉腿顶肩将其摔倒在地。

6 将甲方摔倒后，乙方迅速起身。同时，左手仍控制甲方脚腕避免其反击。

• 抱双腿

1

1 甲（左）乙（右）双方呈格斗姿势准备。

2

2 甲方率先前手直拳攻击乙方，乙方迅速屈膝下潜。

3 动作不停，乙方迅速抱住甲方双腿，左肩紧贴甲方左侧腹部。

4 随即乙方双腿用力蹬地将甲方抱起。

5 乙方上半身直起，双手抱紧将甲方扛于左肩上。

6 乙方身体向左侧侧身，左肩下沉。

7

7 乙方上半身下俯，将甲方摔倒在地。

8 甲方仰躺于地面，乙方可展开攻击。

4 绊摔

夹颈摔

1

1 甲（右）乙（左）双方呈格斗姿势准备。

2

2 乙方右脚蹬地率先右手出拳攻击甲方。甲方迅速向前，左手抓住乙方右肘处。

3 动作不停，甲方右脚蹬地，靠近乙方，右手从乙方左肩绕过。

4 甲方右腿向前迈步，落于乙方右脚内侧，身体沿逆时针方向转体，右臂夹紧乙方颈部。

5 随即甲方俯身向下，髋部用力，右臂夹紧配合左手下压。

6 甲方继续俯身向下，将乙方背起，右臂夹紧对方颈部。

7 甲方将乙方背部向下摔至地面。

8 右手快速从乙方颈后抽出，左手始终控制乙方右臂。

9 甲方顺势用右拳攻击乙方。

• 抱单腿绊摔

1 甲（右）乙（左）双方呈格斗姿势准备。

1

2

2 乙方率先前手直拳攻击甲方头部，甲方双臂迅速提起格挡对方来拳。

3

3 乙方趁机双腿屈膝下潜。

4

4 动作不停，乙方迅速向前进步，双臂抱住甲方左腿。

5 乙方双手用力上抬，使甲方左腿抬离地面。

6

6 动作不停，乙方左臂控制甲方右侧腰部位置。

7

7 乙方上半身直起，迅速向前进步，左脚落于甲方右脚后侧。

8

9

8 乙方左腿向后绊甲方。

9 乙方趁甲方重心不稳将其摔倒在地。

10

10 甲方仰面摔倒在地，乙方迅速用左手出拳攻击甲方，右手始终控制甲方左脚。

腿外侧绊摔

1

1 甲（左）乙（右）双方呈格斗姿势准备。

2

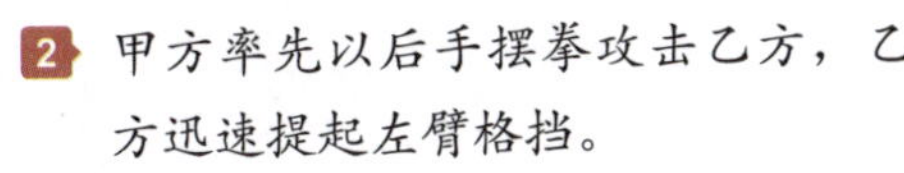

2 甲方率先以后手摆拳攻击乙方，乙方迅速提起左臂格挡。

3

3 动作不停，乙方右脚蹬地上半身靠近甲方，左手顺势抓住甲方右手肘，右手从甲方左侧腋下穿过。

4

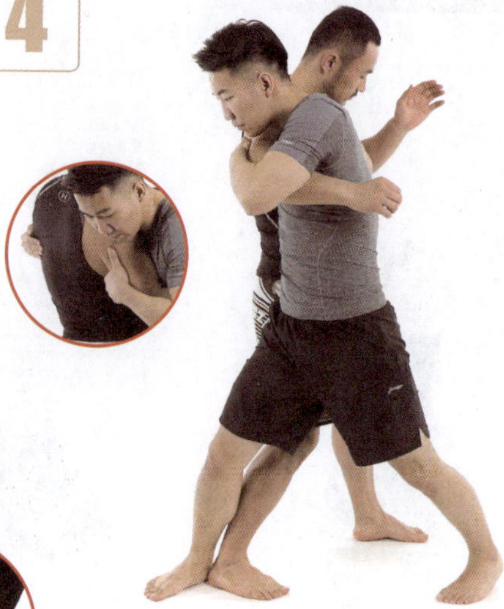

5

6

4 乙方右脚迈步落于甲方右脚后侧。

5 乙方双手用力控制甲方身体，同时俯身向下压制对方。

6 趁甲方重心不稳，上半身后仰，乙方右腿用力向后划切甲方右腿，使甲方被迫倒地。

7

7 此时，甲方侧躺于地面，乙方左手始终控制甲方右臂。

8

8 趁甲方难以反应，乙方用右拳攻击甲方头部。

5 防摔

在对战过程中，被对方摔倒后就会处于被动的局面，进攻能力和防御能力都会降低。因此，在掌握摔法的同时，也要熟练掌握防御技术，做到攻防兼备。

● 防抱

1

1 甲（右）乙（左）双方呈格斗姿势准备。

2

2 乙方率先以前手直拳攻击甲方，甲方迅速提臂格挡对方来拳。

3 乙方趁机双腿屈膝下潜。

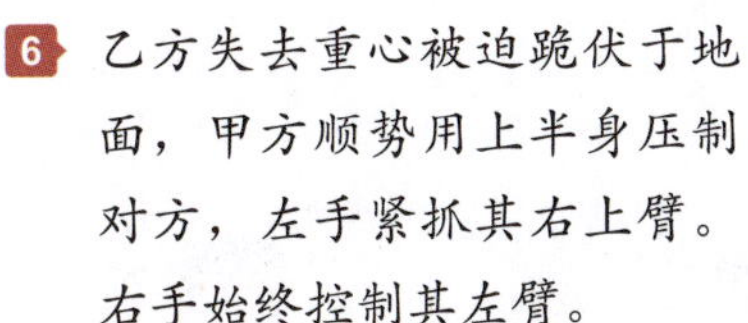

6 乙方失去重心被迫跪伏于地面，甲方顺势用上半身压制对方，左手紧抓其右上臂。右手始终控制其左臂。

多角度图

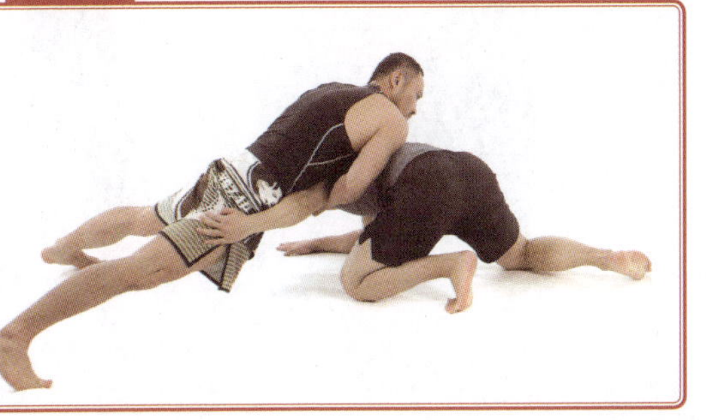

4 乙方迅速向前试图用双手抱住甲方双腿，甲方迅速反应，双手下放。

多角度图

5 甲方左腿迅速后撤，右腿屈膝俯身向下。左臂由乙方颈下穿过，左手下压其右臂，同时右手穿过乙方左侧腋下控制其左臂。

防绊反摔

1 甲（右）乙（左）双方呈格斗姿势准备。

2 甲方后脚蹬地，率先以后手摆拳攻击乙方。乙方迅速提起左臂格挡。

3 乙方身体向前，右手控制甲方左侧腋下位置。

4 乙方右脚向前迈步落于甲方右脚后侧，上半身紧贴甲方。

7 乙方侧躺于地面，甲方随即右手出拳攻击乙方，在此过程中左手始终控制乙方右臂。

5 乙方俯身向下准备绊摔甲方，随即甲方右腿略微屈膝稳定重心，双手紧紧抓住乙方上半身。

6 动作不停，甲方重心前移，快速俯身对乙方实施绊摔。

防抱单腿

1

1 甲（右）乙（左）双方呈格斗姿势准备。

2

2 甲方率先以前手直拳攻击乙方，乙方迅速屈膝下潜躲避对方来拳。

多角度图

4 甲方右手迅速紧抓乙方左上臂，左手控制乙方颈部并用力下压，同时左腿屈膝提起撞击乙方胸部。

4

3

3 随即乙方欲环抱甲方左腿实施进攻。

第九章

地面技术

1 控制与压制

● 上位

站立骑乘位

骑压在对方的腰腹部，同时双腿要尽量夹紧对方身体，使其难以逃脱。

此时可以较容易地用拳击打对方面部，使对方难以进行反击。

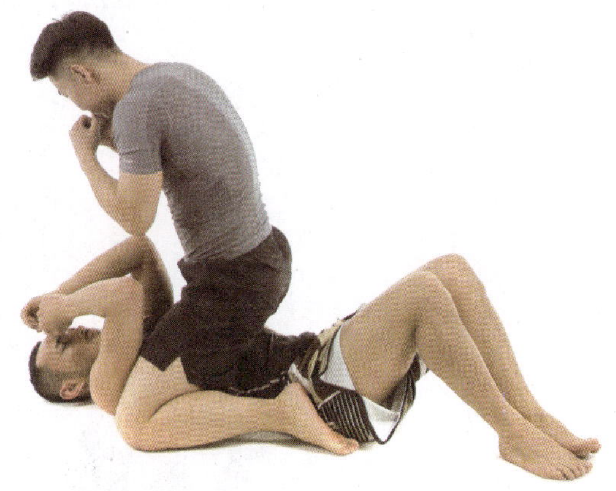

骑压前可率先用腿压住对方腹部，再骑压在腰腹部。

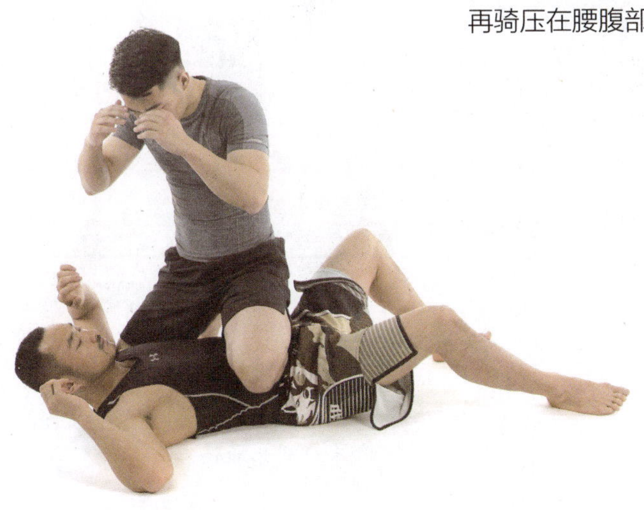

站立骑乘位演示

1 甲方（左）倒地后试图用双脚蹬踹乙方（右）腹部，乙方顺势控制住甲方双脚。

2 乙方将甲方双腿甩至甲方身体一侧，阻止甲方的进攻。

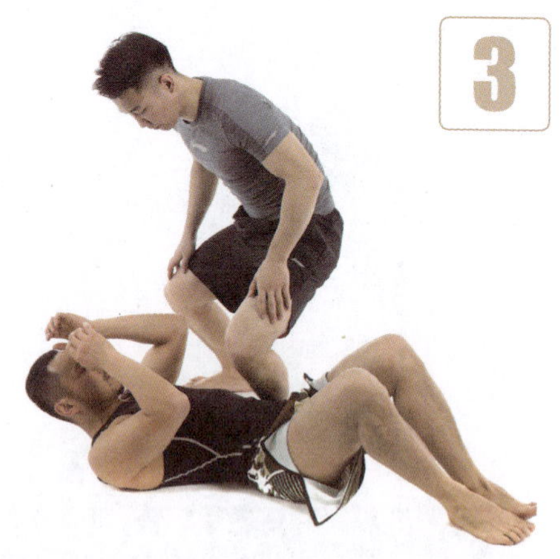

3 动作不停，乙方迅速移至甲方身体的另一侧并屈膝。

4

多角度图

4 乙方率先用腿压住甲方腹部。

5

5 乙方上半身前倾，双手撑地，骑乘在甲方身上，甲方双手护头。

6

6 乙方上半身直起，双腿用力夹紧甲方，可出拳发起攻击。

侧面控制

在格斗对战中，侧面控制是比较常用的技术。进攻方双膝跪地，从对手体侧压制住对手，一只手控制对手上臂，另一只手控制对手肩部，如下图所示。

侧面控制动作演示

1

1 乙方（上）从甲方（下）体侧控制住甲方的手臂。

2

2 乙方头部向下压制甲方右臂，避免甲方进攻，同时屈肘提起右臂，右拳捶击甲方头部。

4

4 动作不停，乙方提肘，用肘部继续攻击甲方头部，将对方制服。

3

3 乙方再次用右拳攻击甲方头部。

• 下位

封闭式防守

双方格斗过程中，当被对方压制时，可用双腿紧锁住对方腰部，使其不能呈骑乘位。

封闭式防守动作演示

1 甲方（左）倒地后试图用双脚蹬踹乙方（右）腹部，乙方顺势控制住甲方双脚。

2 乙方分开甲方的双腿，俯身准备进攻。

7 甲方用双手、双腿紧锁乙方进行封闭式防守。

3 乙方左手摆拳攻击甲方头部，甲方迅速格挡。

4 动作不停，乙方继续右手摆拳攻击甲方头部，此时甲方伸手勾住乙方颈部。

5 乙方随机双手同时用力将乙方下拉。

6 乙方身体失去平衡，甲方顺势用双腿紧锁住乙方腰部。

半封闭式防守

仅控制对手的一条腿，防守技巧同封闭式防守。

半封闭式防守动作演示

1 甲方（左）倒地后试图用一只脚蹬踹乙方（右）腹部，乙方顺势控制住甲方的脚腕。

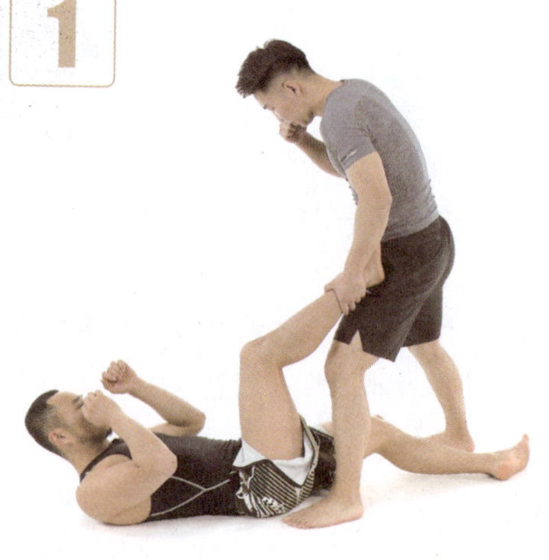

2 乙方俯身，右手挥拳攻击甲方头部，甲方抬左臂格挡。

3 乙方继续左手挥拳攻击甲方头部，甲方抬右臂格挡，同时伸左手试图勾住乙方颈部。

6 乙方身体失去平衡，甲方顺势用双手、双腿紧锁乙方进行半封闭式防守。

5 甲方双手同时用力将乙方下拉，双腿锁住乙方左腿。

4

4 动作不停，甲方双手勾住乙方颈部，并抬起双腿试图控制乙方左腿。

开放式防守

在实战中，为了避免对方采用骑乘位，可进行开放式防守。

开放式防守动作演示

1

1 甲方（右）倒地后，乙方欲出拳发起进攻，此时甲方应屈膝，双脚蹬踹乙方腹部。

2 乙方率先左手直拳攻击甲方，甲方迅速蹬腿使乙方远离自己，化解乙方的攻击。

5

多角度图

4

3~5 乙方重新稳定重心，左右出拳发起连续攻击，甲方不断蹬腿防御，使乙方不能靠近，进行开放式防守。

3

2 把位转换与击打

控腿攻防位置转换

1

2

1~4 甲方（右）倒地后，乙方欲出拳发起进攻，此时甲方应屈膝，双脚试图蹬踹乙方腹部，乙方左右出拳发起连续攻击，甲方进行开放式防守，乙方突然抓住甲方脚腕。

3

4

细节图

5~8 乙方改用骑乘位破解甲方防守，对甲方进行攻击。

● 封闭式防守破解

1

1 乙方（下）把甲方（上）封闭式防守住。

2

2 甲方抽出左臂压在乙方颈部。

3

3 甲方右手搭扣于左手之上，双臂用力撑起，迫使乙方松开双手。

7

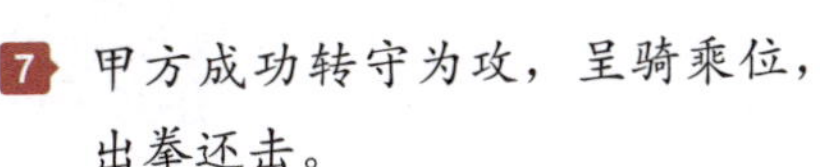

7 甲方成功转守为攻，呈骑乘位，出拳还击。

6

6 甲方俯身环抱住乙方手臂，并向前坐在乙方腹部上。

5

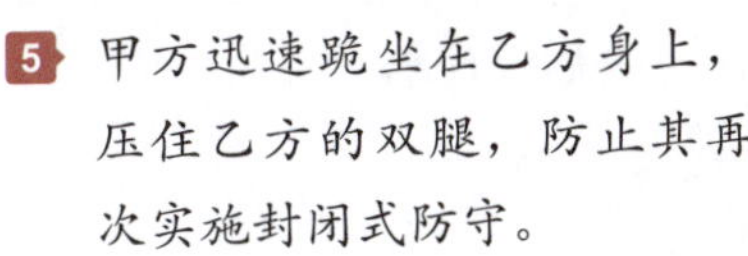

5 甲方迅速跪坐在乙方身上，压住乙方的双腿，防止其再次实施封闭式防守。

4

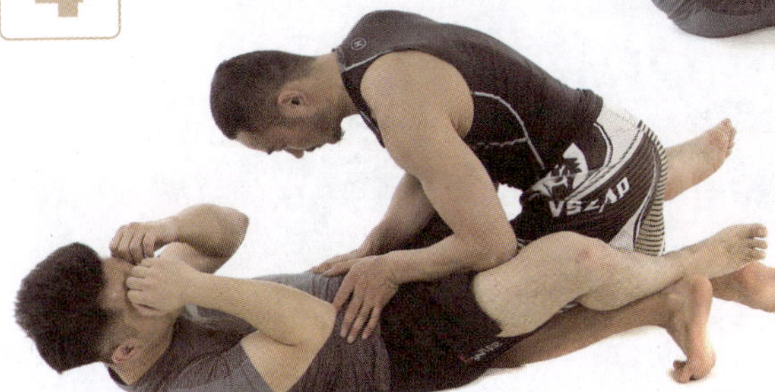

4 甲方趁机用双手按压乙方腹部，肘部外展、双腿发力迫使乙方两腿分开。

虾行逃脱

1

1 甲方（下）倒地后，乙方呈骑乘位。

2

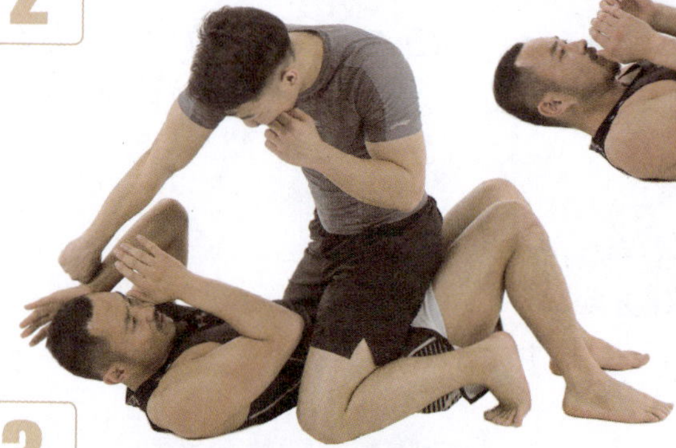

2 乙方右手出拳攻击甲方头部，甲方抬左臂格挡。

3

3 甲方迅速顶髋使乙方身体失去平衡。

4

4 甲方趁机转向左侧，双腿屈膝收回，右手用力推乙方身体，做虾行的动作，企图挣脱。

8 甲方逃出后将身体重心压在乙方上，另一只手出拳还击。

7 甲方翻转身体的同时一只手锁紧乙方，继续努力从乙方右侧逃出。

5~6 甲方挣脱失败，迅速换方向用力推乙方身体，做虾行动作，再次尝试挣脱。此时乙方右侧出现了防守空当，甲方趁机试图从乙方右侧逃出。

● 侧压攻防位置转换

1 乙方（上）侧方压制甲方（下），甲方呈防御姿势。

2 甲方左臂攻击乙方颈部。

3 甲方顺势用左手抓住乙方左肩，左手臂位于乙方颈部位置，然后用力向上顶髋，乙方被迫松开双手。

4 甲方趁机用力向右侧翻转。

5 动作不停，甲方左臂从乙方右侧腋下穿过。

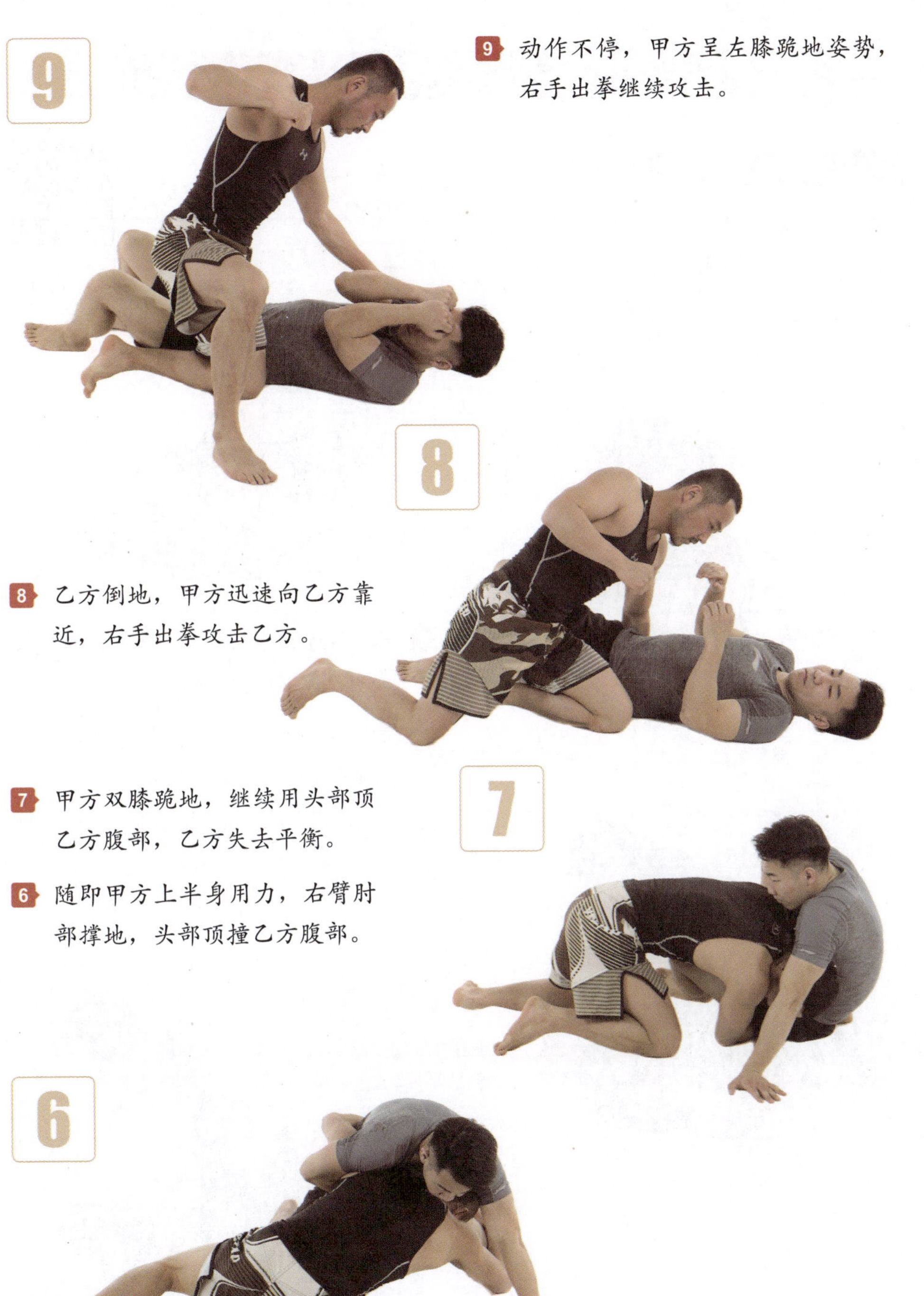

9 动作不停，甲方呈左膝跪地姿势，右手出拳继续攻击。

8 乙方倒地，甲方迅速向乙方靠近，右手出拳攻击乙方。

7 甲方双膝跪地，继续用头部顶乙方腹部，乙方失去平衡。

6 随即甲方上半身用力，右臂肘部撑地，头部顶撞乙方腹部。

3 降服技术

• 十字固（上位锁）

1 乙方（上）呈骑乘位，甲方（下）仰躺于地面双手护于面部。

2 乙方左手出拳攻击甲方头部，甲方头部向左侧闪，并抬起右臂格挡。

3 乙方继续右手出拳攻击，甲方头部向右侧闪，并抬左臂格挡。

4 乙方顺势双手控制甲方左臂。

7

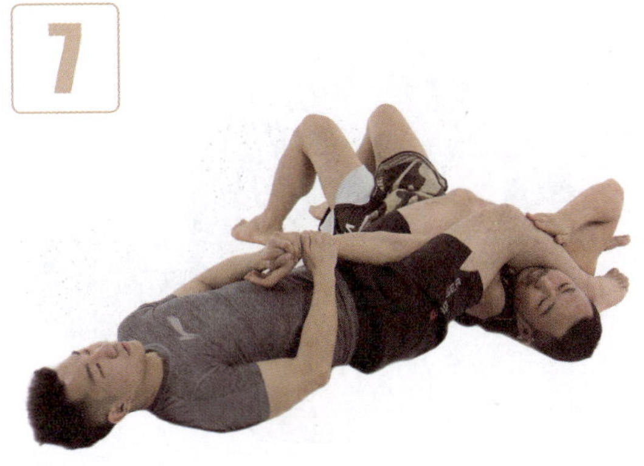

5 乙方转为单膝跪姿，右手顺势按住甲方颈部或面部，左手控制甲方左臂。

6 乙方随即坐于地面，双腿压制甲方颈部、胸部，双手抱紧甲方左臂。

7 乙方上半身后仰，双手双脚用力形成十字固。

5

● 十字固（下位锁）

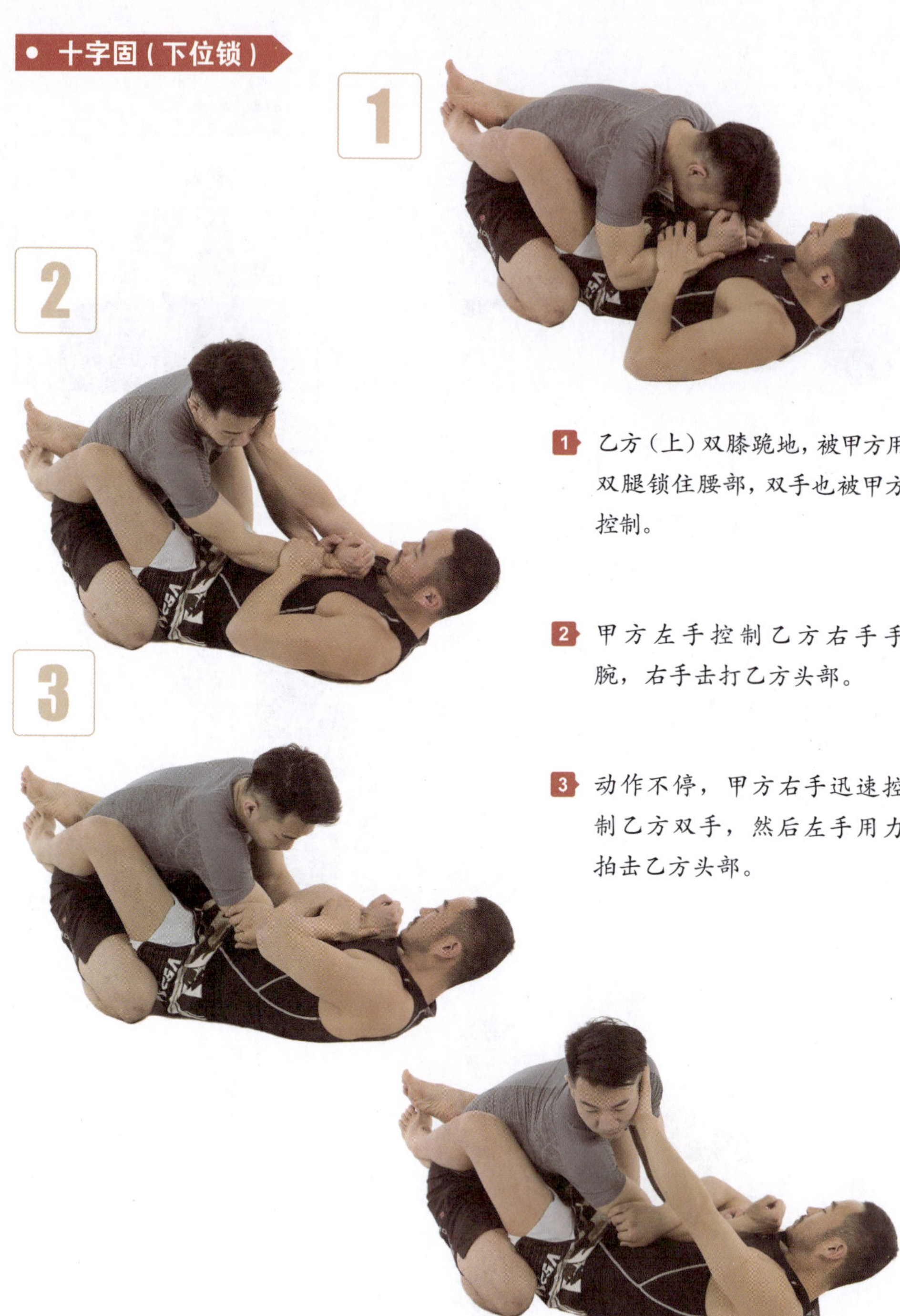

1 乙方（上）双膝跪地，被甲方用双腿锁住腰部，双手也被甲方控制。

2 甲方左手控制乙方右手手腕，右手击打乙方头部。

3 动作不停，甲方右手迅速控制乙方双手，然后左手用力拍击乙方头部。

5

5 乙方被迫倒地，甲方双腿紧紧压制乙方颈部、胸部，双手控制乙方右臂，形成十字固。

4 随即甲方左腿顺势抬起压于乙方颈部，紧紧控制乙方双手。

• 木村锁

1 甲方（下）仰躺于地面呈封闭式防御，乙方（上）呈跪姿防御。

2 乙方率先右手出拳攻击甲方头部，甲方迅速向右侧躲闪，并抬起左臂格挡。

3 乙方继续左手直拳攻击，甲方抬起右臂进行格挡。

4 甲方顺势用右手握住乙方左手腕处，右肘撑地，同时左臂由乙方左肩上绕至其腋下，控制乙方左臂。

7

6~7 甲方上半身后仰，乙方失去平衡，甲方顺势将乙方左臂向上折呈木村锁。

6

5

5 甲方左手握住自己右手手腕搭扣，牢牢锁住乙方左臂。

• 美式折臂

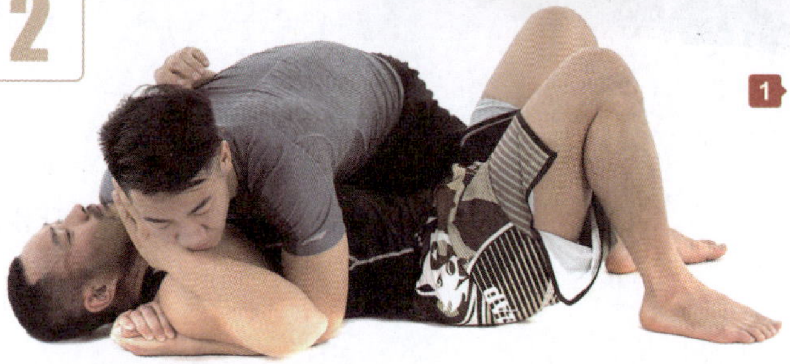

1 乙方（上）从侧向压制甲方（下）。

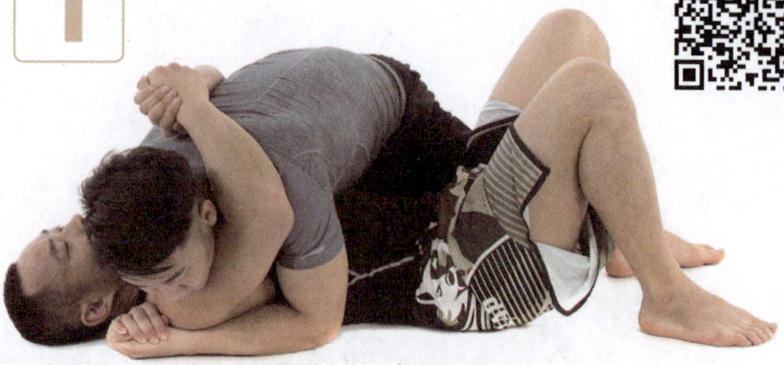

2 甲方双手放松，右手攻击乙方颈部。乙方右手迅速提起阻挡甲方攻击。

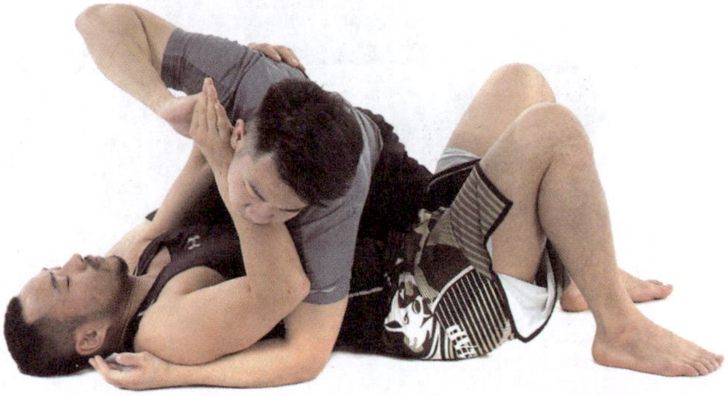

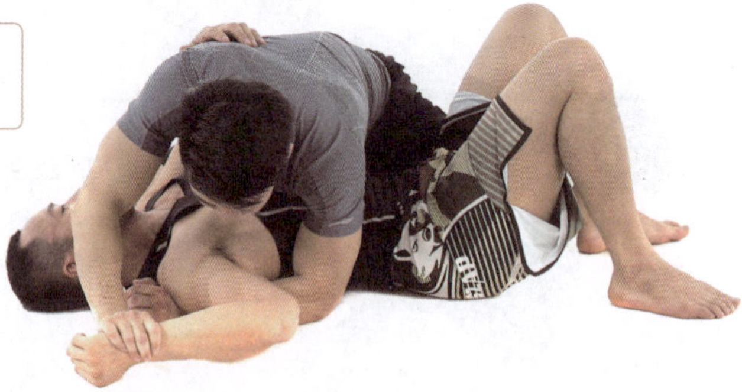

3 乙方右手顺势抓住甲方右手手腕，压于地面。

4

4 乙方左手迅速抓住自己右手腕，双手紧锁甲方右臂。

5

5 乙方实施美式折臂技术。

三角绞

1 乙方（上）双膝跪地，被甲方用双腿锁住腰部，双手也被甲方控制。

2 甲方右手用力拉紧乙方左臂，使其左臂伸直，左手抓住乙方右臂用力后推。

3 动作不停，甲方左腿迅速抬起搭于乙方右肩之上，双手仍控制乙方双臂。

4 甲方左腿用力下压。

7 随即甲方右手搭于左手之上，双手控制乙方左臂，双腿用力夹紧乙方头部，实施三角绞技术。

6 甲方右腿抬起搭于左脚腕部。

5 动作不停，甲方保持左手对乙方左臂的控制，右手紧握自己左脚，手脚配合用力夹紧乙方头部。

● 肌肉切

肌肉切指在地面缠斗中以手臂骨骼去“切割”对方肌肉，如小腿肌肉、大腿肌肉和手臂肌肉等。下面展示的为锁腿肌肉切。

1 乙方（右）倒地，甲方（左）右手控制乙方左腿。

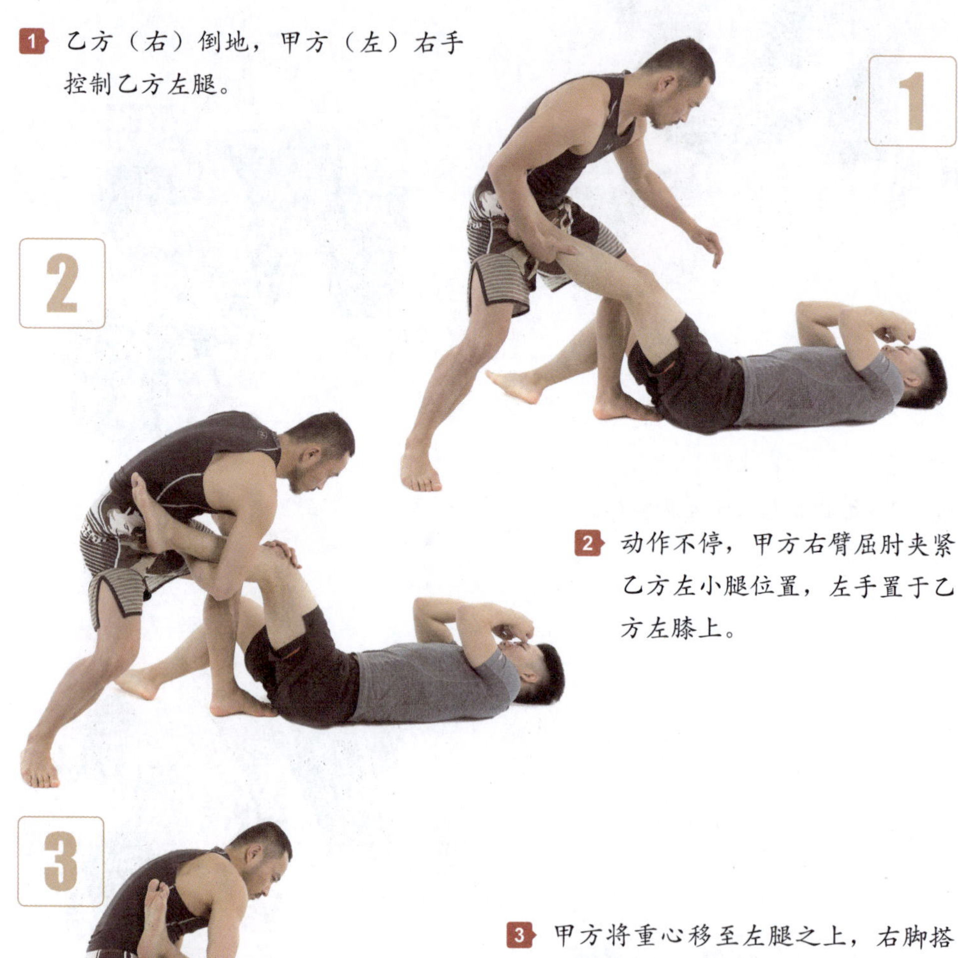

2 动作不停，甲方右臂屈肘夹紧乙方左小腿位置，左手置于乙方左膝上。

3 甲方将重心移至左腿之上，右脚搭于乙方胯部。

细节图

6

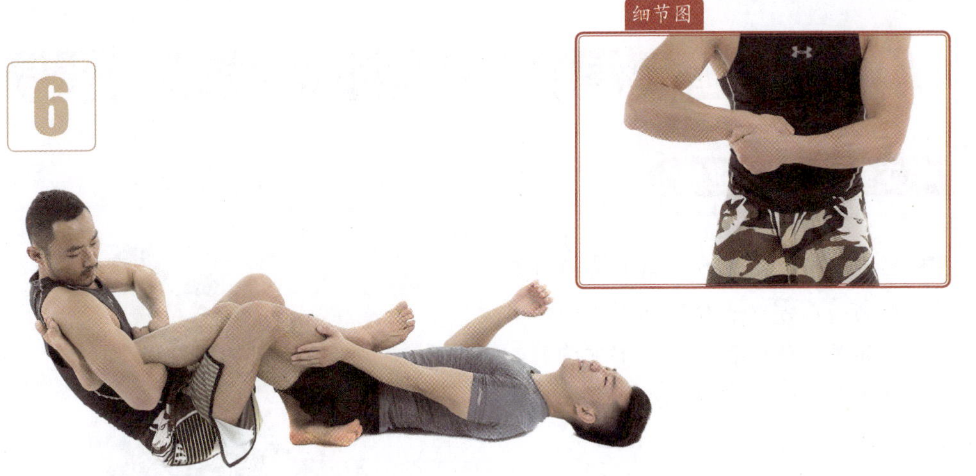

6 甲方双手用力向上抬，上半身后仰向下“切割”乙方小腿，身体协调发力给予对方沉重打击。

5

5 甲方左手收回与右手搭扣，并用力勒紧对方小腿。

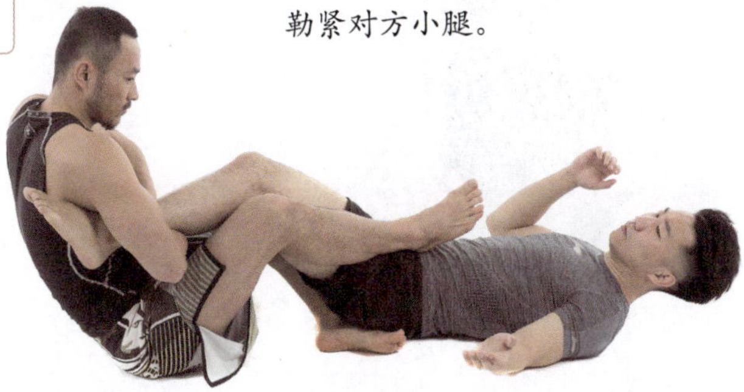

4

4 甲方坐于地面，将乙方左脚夹于右侧腋下，双腿夹紧乙方左腿。

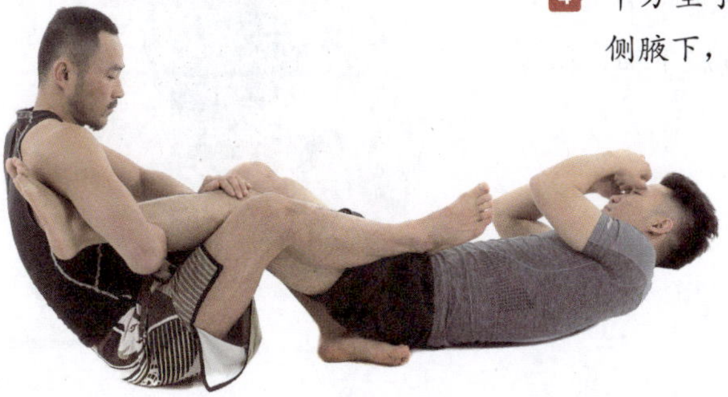

4 防御与逃脱

• 正转侧：裸绞逃脱

1 乙方（后）从甲方（前）背后将其控制：乙方双手分别从甲方一侧肩上和另一侧腋下环抱于甲方胸前，双手搭扣；乙方双腿夹住甲方身体两侧。

1

2

3

2~3 乙方松开双手，右手置于甲方颈部下方，左手从甲方腋下抽出抓住甲方头部后方。

6 甲方随即用右手抓住乙方右手腕，左手控制乙方左手腕，阻止乙方进攻。

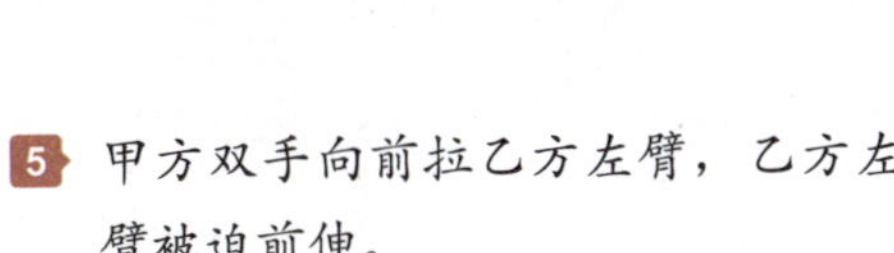

5 甲方双手向前拉乙方左臂，乙方左臂被迫前伸。

4 甲方迅速抬起双手抓住乙方左手。

5 实战动作

• 抱摔十字固

1 甲（左）乙（右）双方呈格斗姿势准备。

1

2

2 乙方率先出拳攻击甲方，甲方迅速抬起左臂格挡。

3 乙方趁机呈防守姿势屈膝下蹲。

4

4 乙方迅速向前，抱住甲方双腿。

5

5 乙方双腿蹬地，用力将甲方抱起，顺势扛于肩上。

6

7

6 随即乙方重心移至左侧并向左侧倾。

7 乙方双手仍控制甲方双腿，甲方背部着地摔倒于地面。

8 甲方仰躺于地面，乙方俯身。

9 乙方迅速屈膝，右腿压于甲方腹部。

8

9

10 乙方俯身，双手扶地，身体逐渐向右侧移，骑坐于甲方腹部之上。

11 随即乙方出拳连续攻击甲方头部。

12

12 甲方提起双臂试图反抗，乙方右臂屈肘控制甲方左臂。

13

13 乙方左手置于甲方颈部位置。

14

14 随即乙方身体逆时针旋转，右膝撑地。左手控制甲方左臂，右手压制其头部。

15

15 动作不停，乙方右腿搭于甲方颈部，双手控制甲方左臂。

16

16 乙方上半身后仰呈十字固控制甲方。

● 抱单腿摔肌肉切

1 甲（左）乙（右）双方呈格斗姿势准备。

2 甲方率先以前手直拳攻击乙方头部，乙方迅速双手抱头格挡。

3 甲方趁机双腿屈膝下蹲。

4

5

4 甲方迅速抱住乙方左腿，头部位于乙方左侧胯部。

5 甲方双手用力将乙方左腿抬起。

6 乙方右腿屈膝试图保持身体平衡。

7 甲方上半身向下，乙方失去平衡向后倾倒。

8 乙方倒地仰躺于地面，甲方俯身，双手仍控制乙方左腿。

6

7

8

9

10

9 甲方右脚撤步重心移至前脚。

10 甲方右脚蹬于乙方左侧胯部，右前臂置于乙方左小腿下方，右手置于乙方左腿膝盖之上。

11 随即甲方坐于地面，双腿夹紧乙方左腿。

12 甲方身体后仰对乙方实施肌肉切。

11

技术性起身

1 乙方（右）呈格斗姿势，甲方（左）仰躺于地面，双手呈防御姿势，右腿蹬于乙方左腿膝盖处，左腿蹬于乙方右胯处。

1

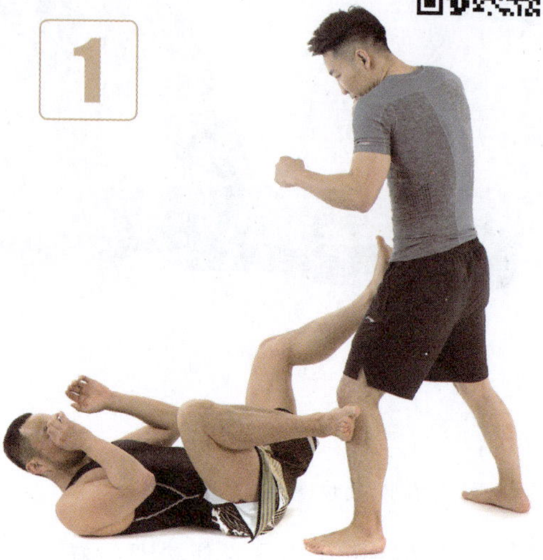

2

2 乙方俯身挥拳欲攻击甲方头部。

3

3 甲方抬起左臂进行格挡。

4

4 动作不停，甲方双腿用力蹬踹，拉开两者间的距离。

5

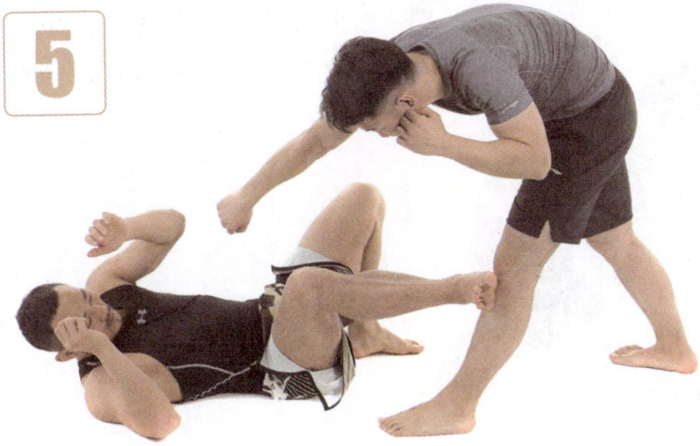

5 甲方左脚收回撑地。

6

6 动作不停，甲方右臂撑地，上半身略微挺起，右腿伸展踢击乙方，同时左手拍击乙方右臂。

7

7 乙方右臂收回，重新调整身体姿势。

8 乙方欲再次出拳攻击，甲方右臂伸直使身体离地，右臂格挡乙方攻击。

9 乙方逼近，甲方左手抵挡，右脚向右侧迈步。

10 甲方迅速起身，双方恢复格斗姿势。

第十章 格斗体能

1 柔韧

提升身体的柔韧性有利于加强全身的肌肉力量。

• 颈部拉伸

1

2

3

1. 双脚开立，双手扶腰准备。
2. 双手抱头，颈部向下运动。
3. 双手扶腰，头部向上运动。

4 左手扶腰，右手扶头向右侧拉伸颈部。

5 右手扶腰，左手扶头向左侧拉伸颈部。

6 动作完成后恢复准备姿势。

肩部拉伸

1

2

1 双脚开立，双手持棍棒略宽于肩，双臂伸直自然下垂。

2 双臂由下向上经腹部举起。

3

3 双臂向右侧伸展，右臂伸直大致平行于地面，左臂于头部后侧屈肘，前臂大致平行于地面。

提　示

在进行锻炼之前要进行充分的热身运动，避免在训练过程中受到伤害。若产生不适应应立即停止训练。

4

4 双臂继续向左侧伸展，左臂伸直大致平行于地面，右臂于头部后侧屈肘，前臂大致平行于地面。

5

5 动作完成后恢复准备姿势，重复动作。

背部拉伸

1

1 跪坐于地面上，双手扶地。

2

2 上半身下俯，手臂尽可能向前方伸展。

三角肌拉伸

1

2

1 在背部拉伸姿势基础上，保持右手触地，左臂向右侧伸直置于地面进行拉伸。

2 双臂交换位置，拉伸另一侧的三角肌。

三头肌拉伸

1

2

1 在背部拉伸姿势基础上，左臂屈肘肘部接触地面，左手扶肩，右手扶左肘。

2 双臂交换位置，拉伸另一侧。

前臂拉伸

2

1 跪坐于地面上，双臂伸直大致垂直于地面，双手扶地，指尖向内，拉伸前臂。

2 动作完成后恢复跪姿。

腰腹部拉伸

腹部拉伸一

1

1 俯卧于地面，双臂伸直撑地，使头部、上半身及臀部在一条直线上。

2

2 上半身后仰，挺胸收腹，直至有拉伸感。注意练习过程中耻骨始终接触地面。

腹部拉伸二

1 俯卧于地面，双臂向两侧伸展，双腿自然放松伸直。

2 身体向右侧翻转呈侧躺姿势，同时左臂屈肘扶地，左腿屈膝置于体后，脚尖点地。

3 恢复准备姿势。

4 身体向左侧翻转呈侧躺姿势，右臂屈肘扶地，右腿屈膝于身后，脚尖点地。

5 动作完成后恢复准备姿势，重复动作。

腹部拉伸三

1

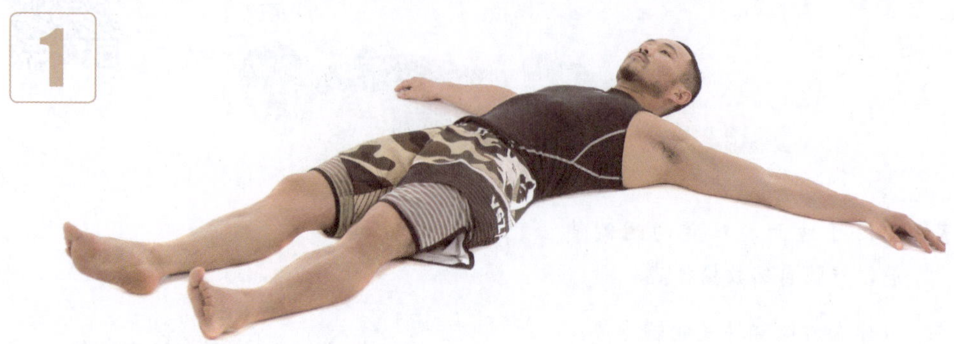

1 仰卧于地面，双臂向两侧伸展与肩齐平，双腿自然伸直放松。

2

2 左腿屈膝90度提起，右手扶左膝。

3

3 左手下压，直至有拉伸感，上半身保持不动。

4

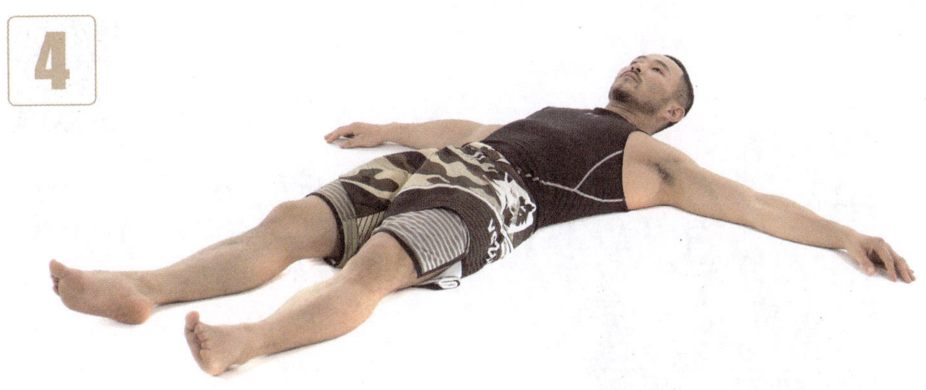

4 动作完成后恢复准备姿势。

5

5 双腿交换位置，拉伸另一侧。

6

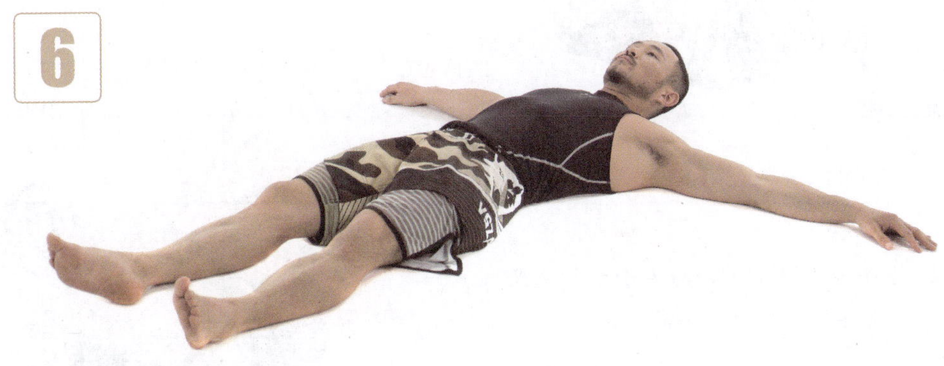

6 动作完成后恢复准备姿势。

下背部拉伸

仰卧于地面，双手交叉环抱双腿。头部、肩部上抬，背部接触地面支撑身体。

臂腿拉伸

拉伸一

1 仰卧于地面，右腿屈膝右脚撑地，左腿屈膝搭于右腿上，头部、肩部上抬。

2

2 左手经左腿下方，与右手十指交叉环抱右腿，同时右脚离地。

3

4

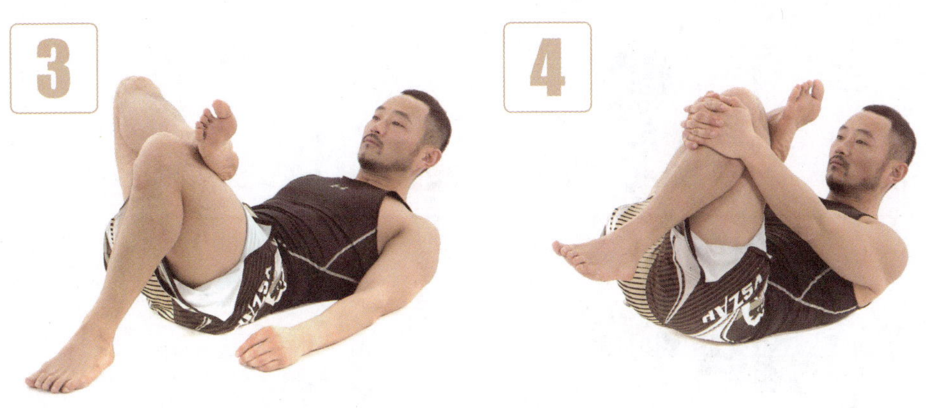

3~4 双腿交换位置，拉伸另一侧。

拉伸二

1

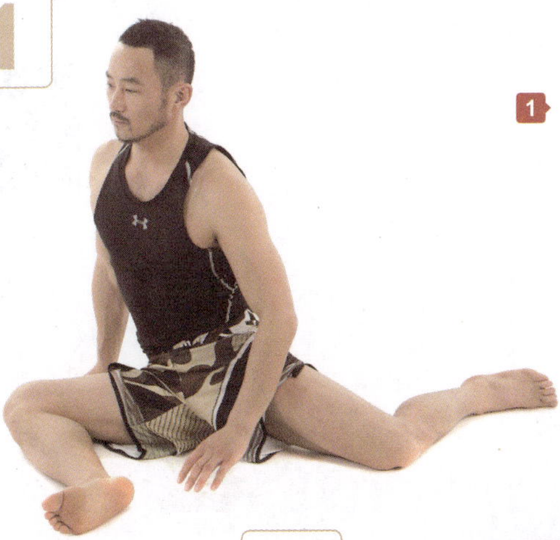

1 坐于地面，右腿屈膝在前，左腿屈膝在后，上半身挺直。

2

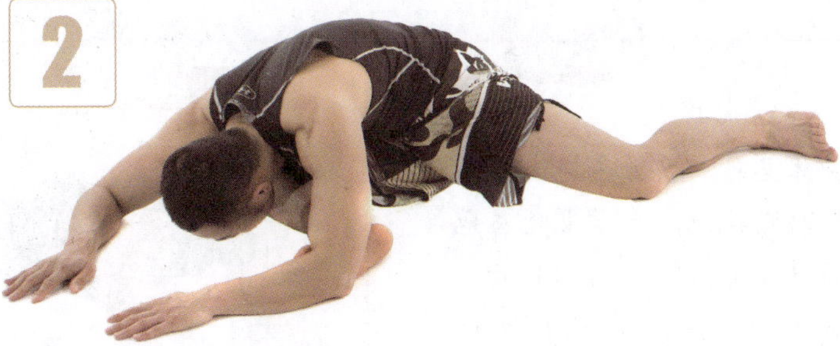

2 上半身下俯，双手前伸扶地至臀部有拉伸感。

3~4 双腿交换位置，拉伸另一侧。

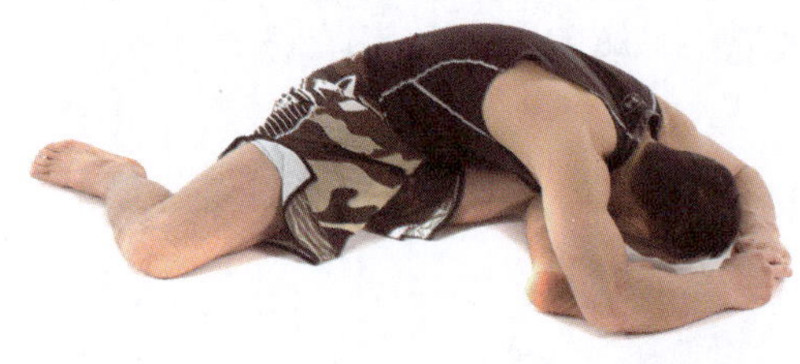

• 大腿内侧拉伸

蛙式拉伸

多角度图

身体呈跪姿俯卧于地面，双臂双膝撑地。上臂大致与地面垂直，双腿向两侧打开，尽可能使大腿内侧接触地面，进行拉伸。

横叉拉伸

1 呈横叉一字马姿势，上半身直立。

2 双手撑地，上半身前俯，臀部抬起离开地面。

3 双臂屈肘放松，上半身继续前俯，拉伸大腿内侧。

竖叉拉伸

呈竖叉一字马，保持动作。

关节激活

髋关节伸展

1 双腿弯曲坐于地面，脚底相对，双手握住双脚，双膝向两侧分开。

2 上半身保持不动，双腿继续向两侧下压，至小腿外侧接触地面，大腿与地面平行。

1

2

踝关节旋转

1

2

1 双腿屈膝蹲于地面，脚跟并拢。双臂交叉环抱膝盖位置，上半身下俯。

2 以踝关节为轴，身体向左前方侧倾。

3

3 逆时针旋转，恢复准备姿势。

4

4 身体继续逆时针旋转向右前方侧倾，旋转过程中始终保持身体重心稳定。

5

5 动作完成后恢复准备姿势。

2 力量训练

• 拉壶铃

1 自然直立，双手持壶铃于身体两侧。

2 双腿屈膝，俯身，双臂垂直于地面。

3 双臂屈肘上提，至上臂大致与地面平行。

4 双臂缓慢下放，双臂伸直，重复动作。

• 引体向上

1 双手握吊环，双臂伸直身体放松，脚尖点地。

2 双臂下拉，使脚尖离开地面。

多角度图

多角度图

3 双臂持续屈肘，背阔肌发力，身体向上至双手与肩膀同高，略作停顿，保持动作。

4 双臂缓慢放松，恢复准备姿势，重复动作。

俯卧撑

1

1 俯身，双手及双脚撑地，双臂伸直垂直于地面，双手略宽于肩。身体挺直，头部、背部、臀部及双腿在一条直线上，呈标准俯撑姿势。

2

3

2 双臂屈肘，身体向下逐渐接近地面，腹部收紧，身体仍保持一条直线。

3 双臂撑起，恢复准备姿势，重复动作。

窄距俯卧撑

1

1 在标准俯撑姿势基础上，减小双手间距，使拇指相碰。

2

2 双臂屈肘，身体逐渐接近地面，身体保持一条直线，重复动作。

宽距俯卧撑

1

1 在标准俯撑姿势基础上，增加双手间距，使双手间距大于肩宽。

2

2 双臂屈肘，身体逐渐接近地面，身体仍保持一条直线，重复动作。

跪姿击掌俯卧撑

1

1 在宽距俯卧撑准备姿势基础上交叉小腿。

2

2 双臂屈肘，身体逐渐接近地面。

3

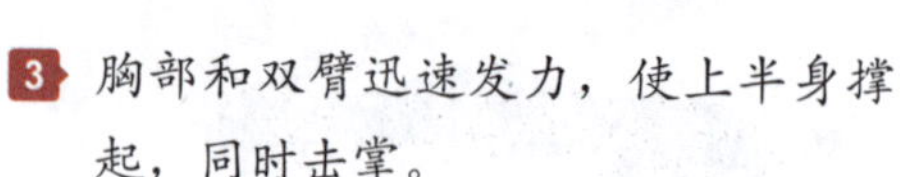

3 胸部和双臂迅速发力，使上半身撑起，同时击掌。

4

4 动作完成后双手撑地呈准备姿势，重复动作。

印度俯卧撑

1

1 双手双脚撑地，臀部高抬，身体弓起呈倒V形。

2

2 双臂屈肘，使前臂接触地面，下颌靠近地面，然后身体前移，头部的运动轨迹呈一个U形。

3

3 双臂撑起垂直地面，上半身挺直，重复动作。

深蹲

1 自然直立，双脚分开大致与肩同宽，双手自然垂落于身体两侧。

2 双手十指交叉于胸前。

4 随即双腿蹬直，缓慢恢复准备姿势，重复动作。

3 双腿屈膝下蹲，至大腿与地面平行，上半身保持挺直。

斜向后撤箭步蹲

2 上半身保持不动，左腿向右后方撤步。

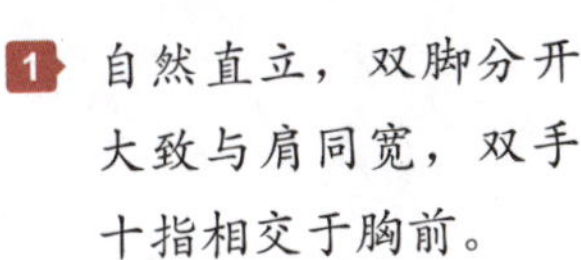

1 自然直立，双脚分开大致与肩同宽，双手十指相交于胸前。

3 双腿屈膝下蹲，过程中保持身体稳定。

4 动作完成后恢复准备姿势，重复动作。

相扑蹲跳

1 自然直立，双手垂落于身体两侧，双脚并拢。

2 向上跳跃后双脚左右开立，略比肩宽，双腿略微屈膝，双手于体前靠近，指尖向下。

3 双腿屈膝，背部挺直，至双手接触地面。

4 动作完成后恢复准备姿势，重复动作。

• 卷腹

1

1 仰卧于地面，双腿屈膝，双脚平放于地面。双手握拳护于脸侧，头部及肩部抬起离开地面。

2

2 腹部继续发力，至背部离开地面，腰部始终接触地面。

3

3 缓慢恢复准备姿势，重复动作。

两头起

1

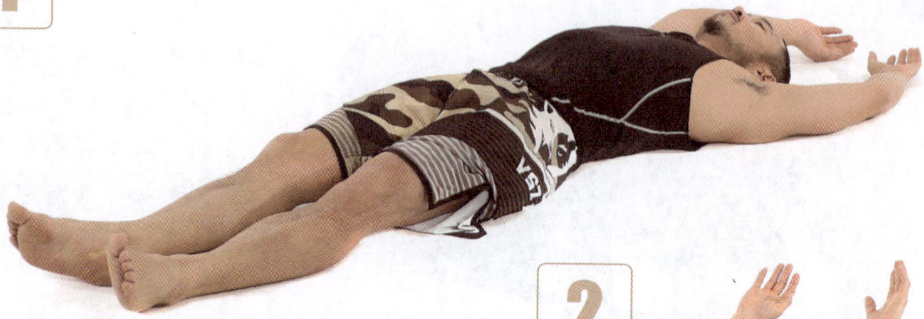

1 仰卧于地面，双腿自然并拢伸直，双臂于头顶之上自然伸直。

2

2 双臂双腿同时抬起。

3

3 双臂双腿继续向身体中间靠拢，双手尽可能接触双脚。缓慢恢复准备姿势，重复动作。

俄罗斯转体

1

2

1 双腿屈膝，坐在地面上，双手扶膝。

2 上半身略微后仰，双手相握置于胸前，双脚交叉抬起。

3

3 身体向左侧转体，双臂随身体移至腰部左侧。

4 随即身体向右侧转体，双臂随身体移至腰部右侧。

5 动作完成后恢复准备姿势，重复动作。

3 爆发力

● 收腹跳

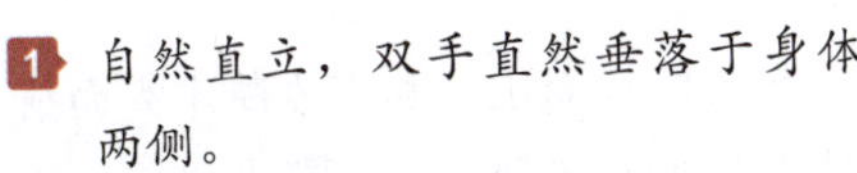

1. 自然直立，双手直然垂落于身体两侧。
2. 屈髋屈膝，然后用力向上跳起。
3. 跳起后，腹部保持收紧。同时上半身略微前倾，大腿尽可能靠近腹部。
4. 动作完成后恢复准备姿势，重复动作。

换腿跳

2

3

1 自然直立，双手自然垂落于身体两侧。

2 双腿用力蹬地向上跳起，左腿率先向前迈步呈弓箭步姿势落地，背部挺直，挺胸抬头。

3 随即再次用力蹬地跳起，两腿在空中交换位置。

4 落地后，呈右弓步姿势。

5 重复动作。

拳面俯卧撑

1 在标准俯撑姿势基础上，改为双手呈拳撑地。

2 双臂屈肘，上半身逐渐接近地面，身体仍保持一条直线，然后爆发性地撑起身体，重复动作。

多角度图

跪姿手掌俯卧撑

1

1 在标准俯撑姿势基础上，交叉小腿。

2

2 双臂屈肘，上半身逐渐接近地面，身体仍保持呈一条直线。动作完成后恢复准备姿势，重复动作。

壶铃前推

1 右手持壶铃，呈格斗姿势站立，左脚在前。

2 右脚蹬地，右臂向前推出，手心向下。

3 动作完成后恢复准备姿势，重复动作。

砸药球

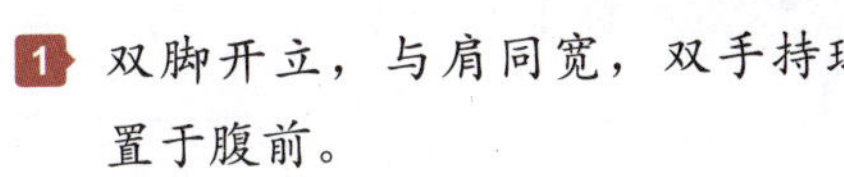

1 双脚开立，与肩同宽，双手持球置于腹前。

2 双腿并拢向上跳起，同时双手向上举起使药球位于头部上方，手臂伸直。

3 双腿分开屈膝下蹲，同时用力向下砸药球。动作过程中上半身保持挺直。

4 动作完成后恢复步骤2的姿势，重复动作。

4 核心力量

● 平板支撑

1

多角度图

1 身体呈标准俯撑姿势。

2

2 双臂屈肘，前臂支撑地面，身体保持呈一条直线，保持动作。

• 支撑收腹跳

1 身体呈标准俯撑姿势。

2 微屈膝，双脚蹬地后膝盖向腹部靠近跳起，然后双脚落地。

3 动作完成后双脚跳回原来位置，恢复准备姿势，重复动作。

保加利亚式深蹲

1 自然直立，双手自然垂于身体两侧。

2 右腿屈膝抬起至大腿大致与地面平行，同时左手向前右手向后摆臂。

3 保持身体重心稳定，左腿屈膝，上半身下俯，目视前方，右手前摆指尖触地，左手后摆。

4 左腿蹬地站直，恢复步骤2的姿势，重复动作。

手枪式深蹲

1 自然直立，双手自然垂于身体两侧。

2 左腿支撑身体，右腿伸直抬高至与地面平行，脚尖向上。双臂向前伸直，双手相握。

3 屈髋，左腿屈膝，身体重心向下。右腿保持离开地面，双臂保持平举，背部挺直。

4 随即腿部发力恢复步骤2的姿势，重复动作。

蹲举

1

多角度图

2

3

1 双脚开立，略比肩宽。双臂屈肘手持重物。

2 双腿屈膝，臀部向后、向下，下蹲至大腿与地面平行。上半身仍保持挺直，上臂与肩部齐平。

3 随即双腿蹬直，双臂上举，向上推举重物，重复动作。

多角度图

• TRX 划船

1 双手紧抓握把，双臂伸直，身体后仰。臀部和腹部收紧，保持身体呈一条直线。

2 双臂屈肘，向上拉动身体，至上臂与身体平行。

3 双臂放松，伸直。恢复准备姿势，重复动作。

农夫深蹲

1 双脚开立，略比肩宽。左臂侧平举与肩同高，右臂屈肘抱球置于右肩之上。

2 双腿屈膝下蹲至大腿与地面平行，上半身保持挺直。

3 双腿发力蹬直，左臂屈肘抱球于左肩之上，右臂侧平举。

4 上半身保持挺直，双腿屈膝下蹲至大腿与地面平行，重复动作。

● 壶铃摇摆

壶铃摇摆是壶铃训练中的基础动作，该动作简单、容易掌握，且运动效果极佳，可以强化臀部及身体后侧动力链的功能，提高爆发力，进一步强化体能水平。

1 双脚开立，与肩同宽，双手持壶铃自然垂于体前。

2 双腿屈膝，臀部后移，肩膀下沉。上半身下俯，壶铃后摆蓄力。

3 双腿蹬直，胸部挺起，用力推动髋部向前，将壶铃摇摆至前方大致与头部同高，壶铃下降还原到步骤2的姿势，重复动作。

5 耐力

• 跳绳

双脚跳绳

1

2

1 自然直立，双手持握跳绳，双臂前伸，小臂同腹高，呈准备姿势。

2 双臂摇绳，双腿屈膝弹跳。

双脚交换跳绳

1

1 自然直立，双手持握跳绳，双臂前伸，小臂同腹高，呈准备姿势。

2

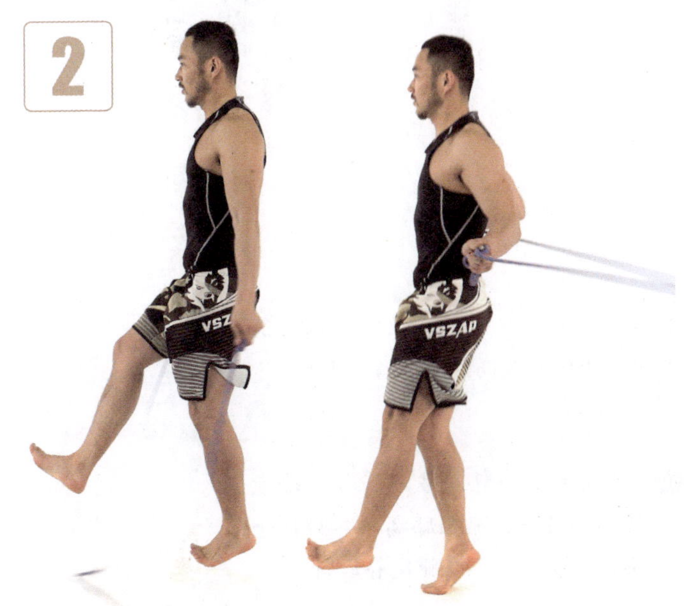

2 双手摇绳，当绳至脚前时，右脚率先提起，左脚跳起，双腿交换跳跃，重复动作。

提膝跳绳

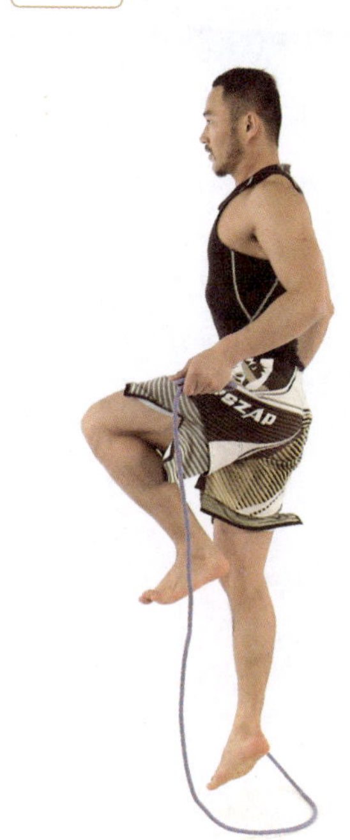

1 自然直立，双手持握跳绳，双臂前伸，小臂同腹高，呈准备姿势。

2~3 双臂摇绳，一条腿支撑身体，蹬直跳起，另一条腿屈膝高抬然后换一条腿屈膝高抬，双腿交替进行。

移步跳绳

1

1 在双脚跳绳准备姿势基础上，分开双脚前后站立。

2 双手摇绳，双脚交替向前迈步跳跃。

2

波比跳

1

1 自然直立，双手自然垂落于身体两侧。

2

2 屈髋屈膝下蹲，上半身前俯双手撑地。

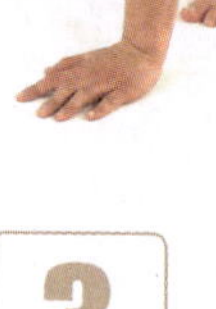

3

3 双脚向后跳，呈标准俯撑姿势，身体呈一条直线。

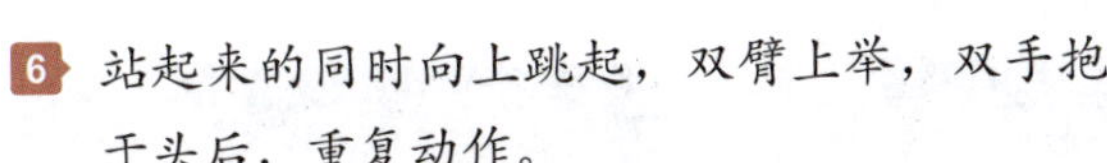

6 站起来的同时向上跳起，双臂上举，双手抱于头后，重复动作。

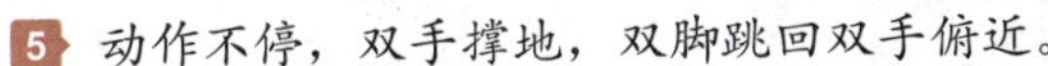

5 动作不停，双手撑地，双脚跳回双手俯近。

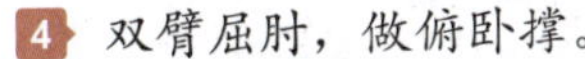

4 双臂屈肘，做俯卧撑。

• 战绳

上下交叉波浪

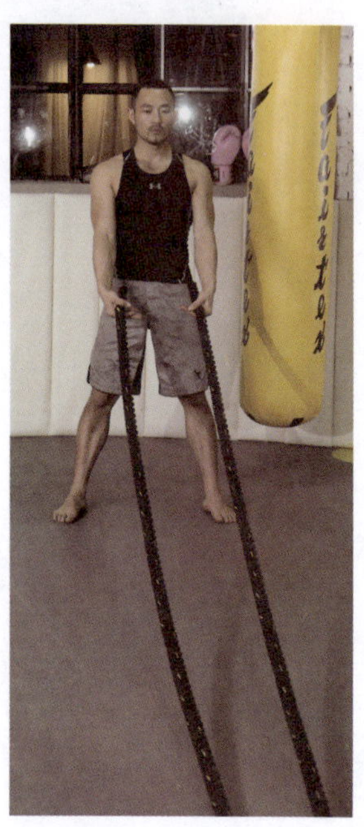

双脚开立，略比肩宽，双手持战绳自然直立。双腿屈膝微蹲，保持核心稳定，双臂迅速交叉上下摆动。

左右交叉波浪

双脚开立，略比肩宽，双手持战绳自然直立。双腿屈膝微蹲，保持核心稳定，双手向两侧打开使战绳在体前交叉，然后恢复，重复动作。

双手摔绳

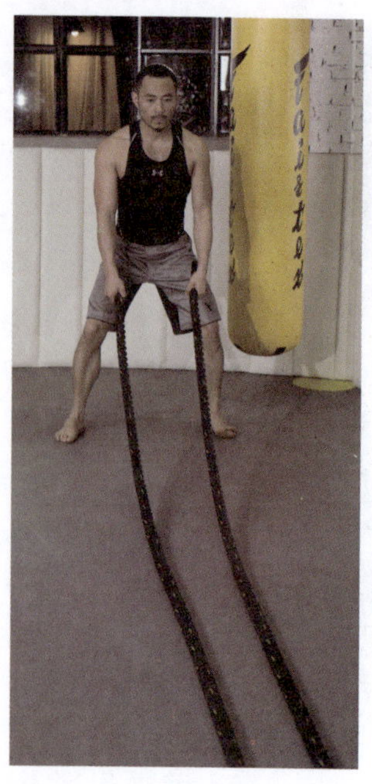

双脚开立，略比肩宽，双手持战绳自然直立，然后双腿略微屈膝，重心向下。双脚蹬地，两腿伸直，双臂用力向上抬起至大致与头部同高。动作不停，双腿迅速屈膝下蹲，双手用力将战绳摔至地面，重复动作。

战绳左右移步

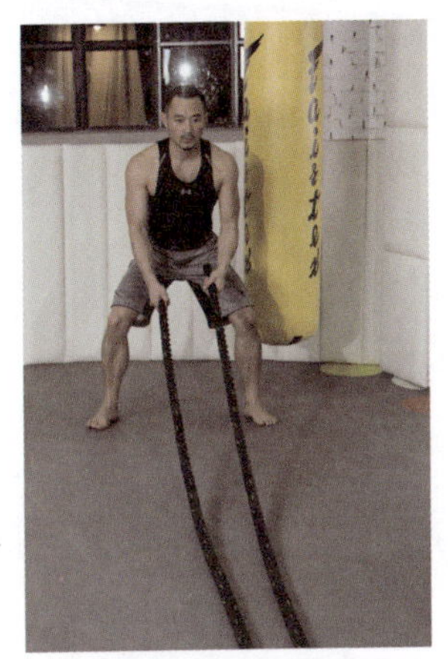

双脚开立，略比肩宽，双手持战绳，双腿屈膝微蹲。随即右脚蹬地，身体向左侧移步，同时双手上下甩动战绳。

动作不停，左脚蹬地，右脚向右侧移步，双手仍上下甩动战绳。动作完成后恢复准备姿势，重复动作。

战绳俄罗斯转体式

1 坐于地面，双腿屈膝，双手持握战绳，将战绳甩至身体一侧。

2 再将战绳甩至身体另一侧，动作过程中保持腹部收紧，重复动作。

超人战绳

1 双手持战绳呈标准俯撑姿势。

2 随即重心移至左手，右手提起，用力向上反复甩起战绳。

3 动作不停，右手撑地，左手提起向上反复甩起战绳。

4 动作完成后恢复准备姿势。

• 沙袋组合

有计划地进行打沙袋练习可以增加击打力量和爆发力，肌肉耐力及综合体能均可以得到很好地提升。

稳定式打法

两人一组，一人扶沙袋，另一人运用前文介绍的拳法和腿法练习击打。扶沙袋的人可以辅助纠正出拳姿势和出拳路线上的错误。

摆荡式打法

在沙袋摆荡过程中练习击打，这种训练难度较大，一定要先掌握稳定式打法之后，再学摆荡式打法。

击打时可配合前后、左右的脚步移动，充分利用蹬地转髋发力，提高击打力度。沙袋练习不宜过多，避免肌肉出现僵硬，影响运动表现。

6 反应

• 反应球

六棱球

六棱球可以用来锻炼训练者的反应能力，改善手眼的协调能力。六棱球被抛出后反弹，训练者只有保持注意力的高度集中，提高反应速度，才能准确接到球。

1

1 甲（右）乙（左）双方配合练习，甲方持六棱球，乙方准备。

2 甲方松手，六棱球落地。

2

3

3 六棱球落地后反弹，此时乙方集中注意力，迅速接球。双方交换角色，重复练习。

头戴式反应球

1

2

3

4

1 头戴反应球，身体自然直立，低头，反应球自然下垂。

2~4 左拳率先击球，然后右拳击球，双手交替进行。

速度球

推荐使用上下拉扯式速度球进行练习，因为它能有效改善手眼协调能力，提高训练者的出拳速度。绳索越紧绷，速度球的速度越快，击打起来也更困难。

躲闪摇避

进行躲闪摇避训练可以帮助提高躲避对手进攻的能力。

1 2 3

4 5

呈格斗姿势站在与肩部同高的弹力绳一侧，屈膝降低重心，并将身体迅速移至弹力绳另一侧，在这个过程中头部尽量不要碰到弹力绳。恢复准备姿势，换方向交替重复练习。

抢点

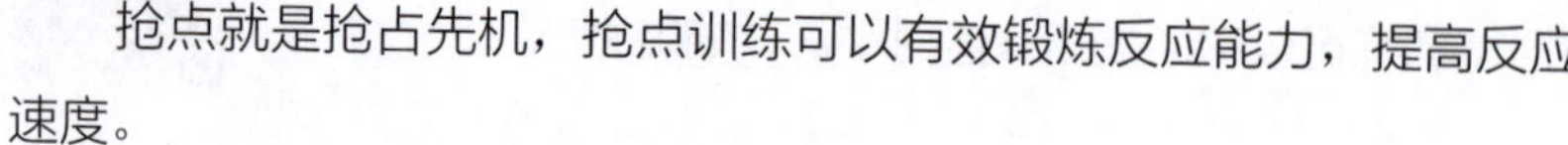

抢点就是抢占先机，抢点训练可以有效锻炼反应能力，提高反应速度。

1

1 两人相距1～2米相对站立，中间放置一个目标物。两人均双腿屈膝，双臂屈肘，做好抢点准备。

2

2 两人快速做双脚交替点地的动作，并尝试不断增加点地速度。当听到“开始”的提示音后，两人迅速抢占目标物，看谁能抢到。

摸肩

摸肩指用手触及对方肩部的训练，除了可以锻炼反应能力之外，还可以提高训练者的攻防意识。

1

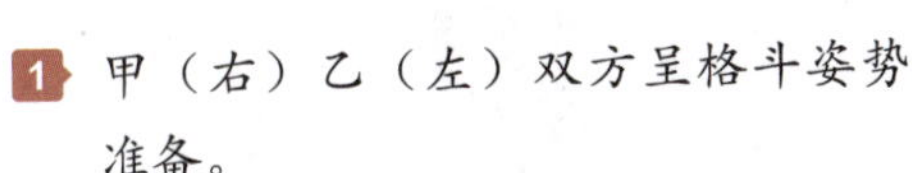

1 甲（右）乙（左）双方呈格斗姿势准备。

2 乙方率先伸右手摸甲方左肩，甲方迅速躲闪。

3

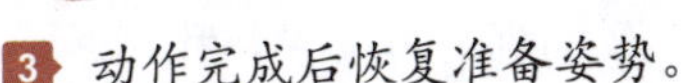

3 动作完成后恢复准备姿势。

4

4 甲方伸右手摸乙方左肩，双方交替动作，注意配合脚步的移动。

7 呼吸

静态调息

格斗过程中，学会控制自己的呼吸是很重要的，比如在双方对峙时，需要平缓的呼吸来保证自己的状态。

始终保持深呼吸，用腹式呼吸法。给身体充分补足氧气，有助于改善身体的疲劳状态。

动态调息

在进行激烈的对抗时，我们需要改变自己的呼吸，进行快节奏的呼吸。所谓的快节奏呼吸，就是迅速地用鼻子进行吸气、用嘴巴进行呼气，来增加自己的肌肉含氧量，从而减慢疲劳的速度。拳手在出拳时发出的“嘘”“嘿”等声音，是为了提高呼吸效率和打击节奏。

可以选择空击、沙袋等方式进行动态调息训练。在训练的过程中，我们要将重点放在呼吸而不是出拳上。

8 放松

● 泡沫轴

训练结束后，我们要认真地做放松活动，以加速消除疲劳。

大腿前侧

身体呈俯撑姿势，将泡沫轴放置在大腿前部下侧。身体前后运动，滚压大腿前侧。

大腿内侧

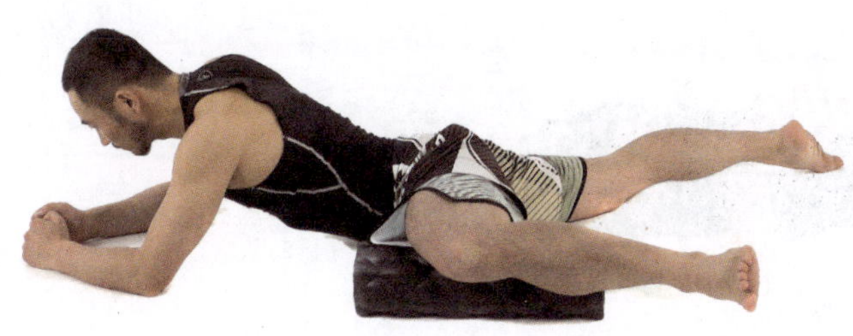

身体呈俯撑姿势，单腿屈膝从一侧提起，将泡沫轴放置在一侧大腿内侧下方，该侧腿左右运动，滚压大腿内侧。

大腿外侧

侧卧，手臂撑地上半身挺起，将泡沫轴置于下方大腿外侧，另一侧腿于体前交叉，脚撑地。身体左右运动，滚压大腿外侧。

小腿前侧

双手撑地，双腿屈膝跪于泡沫轴上，身体前后运动，滚压小腿前侧。

肱三头肌

侧卧，将泡沫轴置于下方上臂下侧，另一只手于体前撑地，身体左右运动，滚压肱三头肌。

背部

仰卧，将泡沫轴置于背部下方，双脚分开撑地，双手放在腹部。双腿发力，身体上下运动，滚压背部。

9 敏捷性训练

• 绳梯

步法一

1

2

5

6

7

身体侧对绳梯站立，右脚向右前方迈步，左脚跟进，双脚站于格子内。右脚继续向右侧迈步，左脚向左侧迈步，双脚分立于绳梯两侧。

右脚继续向前一格迈进，左脚随之跟进，双脚此时前进一格。右脚再次向右侧迈步，左脚向左侧迈步，双脚分立于绳梯两侧，重复动作。熟练后加快速度。

步法二

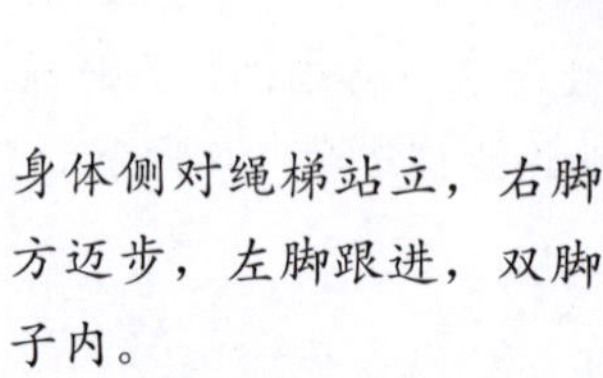

身体侧对绳梯站立，右脚向右前方迈步，左脚跟进，双脚站于格子内。

右脚向右侧迈步，左脚前迈一格，右脚跟进，双脚此时前进一格。随即左脚向左侧迈步，右脚向前迈进一格，左脚继续跟进，双脚再次前进一格，重复动作。熟练后加快速度。

9
8
7
5
6

步法三

身体侧对绳梯站立，右脚向右前方迈步，左脚跟进，双脚站立于格子内。右脚向右侧迈步，左脚跟进，此时双脚站于绳梯另一侧。

随即左脚向左前方迈进一格，右脚跟进，双脚站立于格子内并前进一格。左脚向左侧迈步，随之右脚跟进，此时身体回到开始那侧，重复动作。熟练后加快速度。

4
5
6
9
8
7

步法四

身体面对绳梯站立，跳跃，左脚向前迈步至格子内，然后跳跃，使左脚后撤、右脚迈进格子内，动作不停，两脚交替向前迈入格子内，重复动作，向绳梯的一侧移动。过程中配合摆臂。

步法五

1

呈格斗姿势面对绳梯站立，跳跃，左脚向前迈进格子内，然后再次跳跃，左脚撤回。撤回后左脚跳进相邻的格子里，再跃跃撤回。过程中配合摆臂。熟练后加快速度。

3

4

5

第十一章

防卫格斗与应用

1 正面

● 正面攻击的防御反击

1

1 甲（右）乙（左）双方相对站立，甲方向前对乙方进行威胁。

2

2 乙方迅速反应，右脚蹬地，左脚向前迈步，右手掌跟猛击甲方下颌。

3

3 动作不停，乙方抬起右腿猛踢甲方裆部，然后趁机逃跑。

• 防抓发

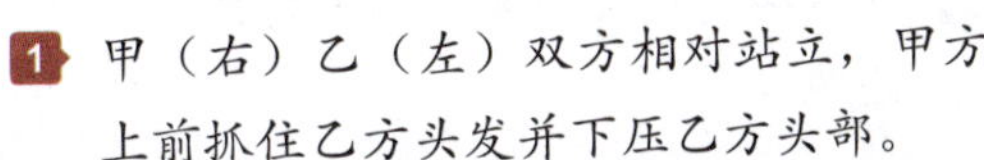

1 甲（右）乙（左）双方相对站立，甲方上前抓住乙方头发并下压乙方头部。

2 此时，乙方迅速用双手控制甲方的手，减轻其拉扯的力量。

3 动作不停，乙方右腿踢击甲方裆部。

4 甲方受到攻击倒地，乙方趁机逃跑。

● 防熊抱

1 甲（右）乙（左）双方相对站立，甲方上前双手拦腰将乙方抱住，试图侵犯。

1

2

2 乙方双手顺势搂住对方上半身，同时右腿快速屈膝上抬猛撞对方裆部。

3 动作不停，乙方趁机左右摆肘攻击甲方头部。

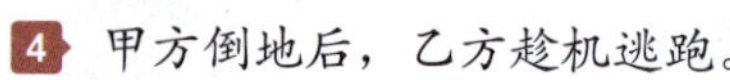

4 甲方倒地后，乙方趁机逃跑。

2 背面

• 防抱腰

1 甲方（右）从乙方（左）身后试图偷袭，甲方双手从乙方身后拦腰将其抱住。

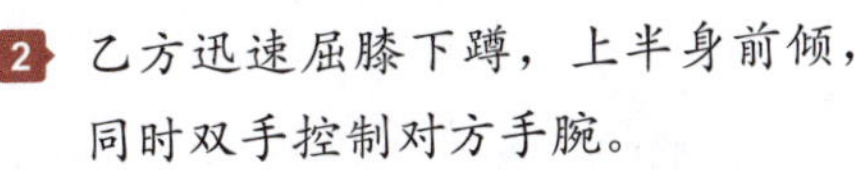

2 乙方迅速屈膝下蹲，上半身前倾，同时双手控制对方手腕。

3

3 乙方双脚蹬地，上半身迅速后仰，用头部撞击甲方头部迫使甲方双手松开。乙方向后转身，左臂屈肘攻击甲方下颌。

4

4 甲方倒地，乙方趁机逃跑。

● 防抱臂

1 甲方（右）从乙方（左）身后伸出双手，抱住乙方双臂。

2 乙方迅速屈膝，上半身前倾，并提起左脚用脚跟踩踩甲方左脚。然后双脚下蹬使上半身迅速后仰，用头部撞击甲方。

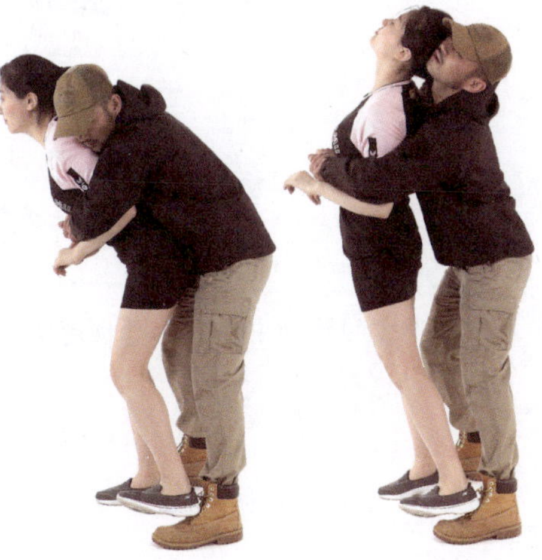

3 乙方向后转身，用手捶击甲方裆部。

4 乙方从甲方的控制中挣脱，趁机逃跑。

• 锁喉的反制

1 甲方（右）试图从乙方（左）身后用屈肘锁喉的方式控制乙方。

细节图

2 乙方双手控制甲方右臂，低头咬住甲方手臂进行反击。

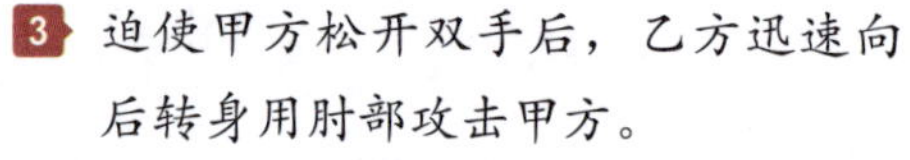

3 迫使甲方松开双手后，乙方迅速向后转身用肘部攻击甲方。

4 动作不停，乙方继续向后转身，用腿蹬踹甲方裆部。

5 甲方倒地，乙方趁机逃跑。

3 器械

• 利用触手可及的物品做武器

笔

在遇到匪徒时，如果身边没有其他保护工具，可使用钢笔、圆珠笔等物品来防身，趁对方不备出其不意。

椅子

在紧急时刻，椅子也可用作防身工具，作为“盾牌”使用。而用椅子反击时，一定要攻击对手的下半身。如果攻击对手胸腹部，则椅子很容易被对手抓住，威胁自身安全。因此必须快速出击，并马上收回椅子，以防对手抢夺并趁机反击。逃跑时可使椅子绊在对手脚下，这样可以阻止对方前进，为自己争取逃跑时间。

钥匙

随身携带的钥匙可以增加出拳威力。

在食指和中指间握一把钥匙，以露在外面2～3厘米的钥匙尖攻击对手，进行自卫。

沙土

在室外受到攻击时，可以双手突然抓起沙土，撒到对手脸上。不管对手是什么样的人，被撒一脸沙土，自然会停住脚步。待他睁眼时，你可再把另一只手里的沙土猛撒过去，并趁敌护脸时逃跑或利用有力的拳脚将其制服。

软兵器

在面对暴力威胁时，皮带、绳子、领带、鞋带等“软兵器”均能派上用场。柔软的绳子、领带和鞋带主要用于勒、捆，使施暴者无法进攻，束手就擒；而皮带、粗绳子可用来抽打施暴者，阻止对方的行为。

酒瓶

酒瓶是常见的防卫工具。

手电筒

可以使用手电筒照射施暴者的眼睛，使其无法看清眼前的东西，然后趁机逃跑。

手机

在遇到施暴者攻击的危急情况下，可以用手机的棱角部位攻击对方的面部来阻止其对自身进行进一步的伤害。

背包

当施暴者手持利刃向你发起攻击时，可以将背包当作盾牌进行防御。

面对持械攻击如何正确应对

基本原则

在面对持械意图施暴的坏人时，要坚持以下原则。

一、沉着冷静，从容应对

面对持械的坏人，要临危不惧，从容镇定，切勿惊慌失措，贸然行事。要学会审时度势，随机应变。心慌则智乱，神定方从容。可能的话，尽量避免与敌人发生对抗，最好的办法是迅速撤离现场，如果的确无法摆脱对方的纠缠，也尽量要拉开与对方的距离，确保自己与之保持安全距离。

二、脚步灵活，动作敏捷

如果避免不了格斗，一定要让自己双脚移动起来，通过迅速、灵活地躲闪和移动，尽可能地使自己的要害部位（尤其是头部和胸部）远离施暴者。

三、防御到位

在格斗过程中巧妙地、准确地阻截或格挡对方的持械手臂，令其攻击方向发生改变，并适时予以反击，可以有效摧毁对方的攻击。

如果成功地运用击打或降服技术击退了对方的进攻，迫使施暴者将刀具等器械丢落在地之后，无论对方是否还具备反抗能力，哪怕对方已经落荒而逃，你都要迅速俯身拾起器械，将它变成自己的防身武器。这样做不仅可以打消敌人卷土重来的想法，而且也可以防止器械落到突然出现的另一个敌人手中。

短刀防御

1

1 实战中，乙方（左）持刀率先发起进攻。乙方由上向下砍击，甲方（右）侧身躲避。

2

2 动作不停，乙方屈肘，继续由左向右挥刀砍击，甲方迅速向后躲闪。

3

3 动作不停，乙方继续挥刀进攻，甲方右腿迅速踢击乙方大腿内侧，阻断对方进攻。

4 乙方受到攻击放弃进攻，甲方转身迅速逃跑。

短棍防御

1

1 实战中，乙方（左）高举短棍向甲方（右）实施进攻，乙方挥舞短棍自上而下向甲方劈击。

2

2 甲方迅速俯身向前，双手抓住乙方肩膀，右侧上臂格挡对方攻击。

3

3 左脚蹬地，右腿屈膝提起撞击乙方胸部，双臂同时用力猛推乙方肩膀。

4

4 乙方被迫倒地，甲方迅速转身逃跑。

在线视频获取说明

本书提供部分格斗技术训练视频，您可以通过微信的“扫一扫”功能，扫描书中的二维码进行观看。

步骤 1： 点击微信聊天界面右上角的“+”，弹出功能菜单（如图 1 所示）。

步骤 2： 点击弹出的功能菜单上的“扫一扫”，进入该功能界面，扫描书中的二维码。

步骤 3： 如果您未关注“人邮体育”微信公众号，在第一次扫描后会出现“人邮体育”的二维码（如图 2 所示）。关注“人邮体育”微信公众号之后，点击“资源详情”（如图 3 所示）即可观看视频。

如果您已经关注了“人邮体育”微信公众号，扫描后可以直接观看视频。

（图 1）　　（图 2）　　（图 3）

注：本书提供的视频仅供参考，并不与书中内容完全配套。若视频示范与本书内容有出入，并不代表视频或本书内容有误，只是提供了不同的练习方法。请读者根据实际情况自行选择进行训练。